Penser la violence dans l'art occidental

Collection *Art de voir*
créée par Élinor Myara-Kelif

Ouvrage édité par Manon Viard

Cette collection place l'image au cœur de l'analyse de grands thèmes interrogeant la philosophie et le monde contemporain ; faire parler les œuvres, sans limitation de géographie ou de chronologie, les décrire, expliquer ce qu'elles disent de la société dont elles sont issues comme de la nôtre, grâce aux regards croisés de différents spécialistes. Parce que l'œuvre d'art dépasse la simple énonciation de son sujet, elle permet de percevoir la résurgence, la permanence et l'évolution de nos questionnements au travers des époques, par une approche sensible favorisant la réflexion. C'est ainsi un cheminement intellectuel et artistique pour apprendre à voir que cette collection propose.

Élinor Myara-Kelif

www.editionsdelaube.com

ISBN 978-2-8159-5894-3

Éric Cobast
Élinor Myara-Kelif

Penser la violence dans l'art occidental

Vingt-sept œuvres choisies

éditions de l'aube

Introduction

Comment ne pas s'astreindre à une « vigilance sémantique » renforcée, pour reprendre la formule de Paul Ricœur, lorsqu'on engage une réflexion sur le sens et l'essence de la violence ? Le mot se laisse en effet imprudemment employer dans l'usage courant sans réel discernement, imposant le plus souvent, sans que celui qui l'utilise s'en rende vraiment compte, une métaphore. « Pouvoir, puissance, force, autorité, violence : ce ne sont là que des mots indicateurs des moyens que l'homme utilise afin de dominer l'homme ; on les tient pour synonymes », écrit Hannah Arendt, « du fait qu'ils ont la même fonction[1] ». Et cette fonction, c'est évidemment la domination. Commençons donc, sinon par faire mentir l'étymologie, du moins par en comprendre vraiment la signification : « violence » est construit en effet sur le latin « *vis* », la force. Or si la

1. Hannah Arendt, « Sur la violence », in *Du mensonge à la violence*, Paris, Calmann-Lévy, 2014 [1972].

violence a bien partie liée avec la force, on ne saurait pourtant pas les confondre. Ne serait-ce que parce que l'une se définit par référence à l'autre. « *Vis* » traduit en latin ce qu'exprime le grec « *dunamis* », c'est-à-dire l'énergie positive, la vigueur, la vitalité. La force, c'est une énergie féconde, qui accomplit la nature de la réalité qui la manifeste. Il n'en va pas de même pour la violence. Certes, « se faire violence », c'est « se forcer », « faire violence aux habitudes », c'est les « forcer » : on entend bien, à travers ces deux exemples, que la violence vient perturber un ordre qui préexiste, qu'elle s'inscrit dans une altération, une dénaturation. Significativement, n'oppose-t-on pas « mort naturelle » et « mort violente » ? De fait, si la force est bien la possibilité de la violence, les deux sont loin d'être assimilables. La violence est une force qui va contre la nature (Aristote) mais elle n'est pas pour autant déferlement déréglé, ni dépense d'énergie disproportionnée ou désordonnée. Pour reprendre les mots de Sartre dans *Cahiers pour une morale* :

> Il y a force lorsque l'action est conforme à une légalité et violence lorsque l'action est extérieure à cette légalité [...]. Affirmer avec force, c'est demeurer composé. Affirmer avec violence, c'est sortir de son maintien, la violence commence où la force s'arrête [...]. La violence n'est pas un moyen parmi d'autres d'atteindre la fin mais le choix

délibéré d'atteindre la fin « par n'importe quel moyen ». C'est pourquoi la maxime de la violence est « la fin justifie les moyens[1] ».

Dérive de tout cela que la violence ne saurait se réduire à l'excès, qu'elle n'est pas par nature arbitraire ni même illégitime, qu'une force devient violente quand elle l'emporte sur la résistance même de ce qui possède aussi une force (Kant). C'est dire qu'il n'y a pas de violence sans une volonté de vaincre.

Mais la violence se distingue aussi de l'agressivité. De fait, dira-t-on vraiment d'un animal qu'il est violent ? On le qualifiera plutôt d'agressif. L'agressivité paraît bien être en effet une constante chez l'animal, elle l'inscrit dans la lutte pour la survie, la concurrence vitale. L'agressivité chez l'homme est une forme que revêt l'affirmation de soi, l'expression d'une volonté de puissance (le mot vient directement du verbe latin *ad-gressere* signifiant « avancer »). Quant à Freud, il voit dans le penchant à l'agression une prédisposition pulsionnelle originelle et autonome de l'homme.

Enfin, il faut également bien distinguer la violence de la cruauté. La cruauté, qui au sens propre dit le goût du sang répandu (*cruor*), se définit comme une violence sans limite, sans

1. Jean-Paul Sartre, *Cahiers pour une morale*, Paris, Gallimard, 1983.

finalité autre que le plaisir du spectacle du sang qui se laisse contempler (*cruor* n'est pas *sanguis*, le premier se répand quand le second coule dans le secret des veines). La cruauté que Montaigne définit comme « l'extrême de tous les vices » s'attaque aussi à l'intime et à la dignité, elle ne relève pas d'une logique du combat ou de l'affrontement, elle échoue à viser quelque finalité que ce soit. C'est une violence « sans raison » : « *Hier ist kein warum* » (« Ici il n'y a pas de pourquoi ») répètent les bourreaux d'Auschwitz, version moderne de la formule dantesque qui accueille les damnés à la porte de l'Enfer : « *Lasciate ogni speranza, voi ch'entrate* » (« Laissez toute espérance ici, vous qui entrez »). La cruauté est un au-delà de la violence qui se donne en spectacle, qui cherche à faire sensation en déroutant le sens, renversant la raison. Elle est un dépassement de la violence.

La violence revêt donc une signification bien précise, qui n'est pas à proprement parler susceptible d'ambiguïté ou bien encore d'effritement polysémique. En revanche, les caractères qui sont les siens soulèvent de nombreuses questions. La violence, est-ce la force mal employée ? Employée au service du Mal ? Or le Mal implique un jugement qui l'identifie, et pour cela il faut qu'il ait été accompli (« le mal est fait »), la violence est tout entière dans son actualisation, il n'y a pas de violence avant qu'elle ne se manifeste… Et le Temps ?

La violence n'est-elle pas une impatience ? Un refus du temps qui passe ? Une improvisation, une action imprédictible à laquelle on est rarement préparé ? Est-elle pour autant toujours irrationnelle ?

C'est à toutes ces questions que les images que nous avons rassemblées nous invitent à trouver les réponses, donnant à sentir avant qu'on ne s'efforce de penser. L'art s'est toujours intéressé à retranscrire des événements violents. À l'image de l'histoire de l'humanité, l'histoire des représentations depuis l'Antiquité abonde en violence. La violence traverse la peinture : scènes de chasse, de martyrs, de batailles, de massacres, ou encore villes détruites par des guerres ou des incendies, les représentations de scènes de violence, de moments dramatiques de l'histoire sont innombrables et poussent les artistes à trouver des modalités de représentation de la violence. De l'art sacré – de la Genèse avec l'histoire d'Abel et Caïn aux épisodes de la Passion du Christ – à l'art profane – allant des épisodes mythologiques tels que les rapts commis par les dieux de l'Antiquité aux scènes de guerre ou de chasse –, l'imaginaire occidental a été construit sur des représentations violentes. Et si certains thèmes obligent à la représentation de la violence parce qu'ils racontent des actes de violence humaine, d'autres n'en sont que le prétexte et dévoilent, sous les dehors nobles de la représentation de l'Histoire, un goût pour la lutte, de la violence faite à l'autre, du rapport de force et d'inégalité entre protagonistes. Mais finalement, l'art occidental chrétien rejoint la figuration d'événements historiques, la nature morte rejoint la scène de genre dans le spectacle de violence qui est donné à voir, à ressentir ou à penser.

Aborder la question de la violence dans l'art implique également de distinguer la violence *de* l'art et la violence *dans* l'art. La violence en art peut être double. La représentation peut être l'expression d'une violence comme elle peut produire une forme de violence : l'effet physiologique, la gêne, le dégoût, l'incapacité à soutenir le regard d'une forme d'image, ou bien la contrainte physique même parfois imposée par une installation, peuvent être constitutifs d'une forme de violence de l'art. La violence de l'intime par exemple, comme dans les photos de Nan Goldin, de par le caractère personnel et physique vécu. L'hyperréalisme, l'abolition de la distance, notamment dans l'art contemporain, contribuent également à placer le spectateur dans une situation inconfortable dans laquelle il se « fait violence » pour regarder.

En revanche, un sujet violent n'induit pas nécessairement une image violente. Il en est ainsi de la guerre par exemple : sujet violent par excellence, elle est traitée jusqu'au XIXe siècle par le biais de l'allégorie ou de la scène de bataille bien rangée, montrant les chefs de guerre dans la noblesse de leur charge comme chez Paolo Uccello, Piero della Francesca ou Giorgio Vasari au Palazzo Vecchio de Florence. Il s'agit alors davantage d'illustrer pour raconter que de représenter. Mais lorsque Goya veut « montrer » la guerre dans les *Désastres de la guerre*, la radicalité du médium qu'il choisit, la gravure, impliquant de forts contrastes de noir et de blanc, et la violence du trait, appuyé, dans lequel semble se déceler la violence du geste de l'artiste lui-même, viennent servir le propos mettant la violence au cœur même du processus et de la démarche artistique. De même, sans aucune violence, dans une simplicité presque enfantine, Christian Boltanski, dans ses installations de la série *Monuments*, peut faire saisir au spectateur toute la violence de notre Histoire. L'artiste n'est pas un journaliste, un documentaliste ou un historien. Il transforme, dépasse, sublime l'expérience de la violence par l'acte de création artistique et participe ainsi à une écriture de la violence.

Si la violence *de* l'art existe, c'est avant tout à la violence *dans* l'art à laquelle nous nous intéresserons dans le présent ouvrage ; les exemples choisis permettent de convoquer des œuvres de registres, de médias et d'époques différents. Ce choix est subjectif et n'a pas vocation à être exégétique. Le rapprochement thématique d'œuvres traitant de sujets très variés vise à dégager diverses modalités de représentation de la violence, de dévoiler sa présence quand elle est dissimulée sous le prétexte de l'Histoire ou d'en expliquer les ressorts dans le contexte culturel, visuel et historique qui les caractérise.

La question du rapport de l'art à la violence est donc multiple. Nous pourrions même aller plus loin, en envisageant la possibilité de l'art à « produire » de la violence. L'art peut-il inciter à la violence ? La capacité mimétique de l'humain et l'impact émotionnel des images pourraient-ils conduire à un passage à l'acte ? S'il s'agit là d'une réelle question, à laquelle l'art et les médias contemporains peuvent nous amener à réfléchir, nous chercherons ici à signaler et commenter l'omniprésence de la violence dans l'art occidental et à en dégager les modalités d'expression à travers quelques exemples choisis.

Partie I
La violence et le sacré

Matthias Grünewald, *Retable d'Issenheim*

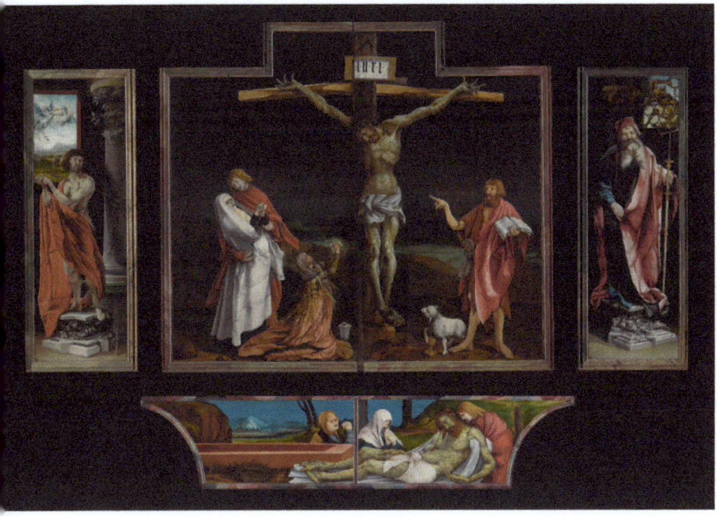

1. Matthias Grünewald, *Retable d'Issenheim*, 1512-1516, détrempe, huile sur bois, 269 x 307 cm, musée Unterlinden, Colmar.

En 1972, le philosophe René Girard publie un essai qui fera date, *La violence et le sacré*[1], dans lequel il montre que le sacrifice – dans toutes les religions « apparaît comme l'origine de tout le religieux », écrit-il – est l'exutoire nécessaire par lequel la violence s'exprime. C'est également un mode de ritualisation de cette violence qui permet de la contrôler. De fait, la violence du sacrifice n'est pas irrationnelle puisqu'elle établit l'ordre dans la

1. René Girard, *La violence et le sacré*, Paris, Grasset, 1972.

communauté : la victime innocente subit la violence la plus extrême, elle « prend – littéralement – sur elle ». Elle est victime émissaire, « bouc émissaire » pour reprendre une formule qui revient à plusieurs reprises dans l'œuvre de Girard. Un bouc, tiré au sort, est chargé des péchés du peuple hébreu puis abandonné dans le désert. C'est un rituel d'élimination et de purification que rapporte l'Ancien Testament (Lévitique 16:21), une violence fondatrice de la cohésion et de la paix de la communauté qui n'est pas sans évoquer aussi le lynchage du père de la horde primitive qu'imaginent Darwin et Freud, dont le sacré vise à perpétuer la mémoire.

Le supplice infligé à Jésus s'inscrit évidemment dans ce cadre du sacrifice de l'innocent dont la souffrance et la mort rachètent les fautes des hommes. La présence anachronique de saint Jean-Baptiste, à droite de la croix, le rappelle. Il est accompagné d'un agneau dont le sang est recueilli par un calice. L'intention du peintre, Matthias Grünewald, est hautement symbolique : Jean-Baptiste ne peut être le témoin de la mort du Christ puisqu'il a été lui-même exécuté sur ordre d'Hérode quelques années auparavant. Le corps convulsé du crucifié, les traces des stigmates bien visibles, les membres tétanisés et les pieds distordus par le clou donnent à voir une douleur démesurée, au-delà de toute représentation.

La contemplation de cette crucifixion du *Retable d'Issenheim* plonge Durtal, le personnage central de *Là-Bas*, le roman que Joris-Karl Huysmans consacre à la fin du XIXe siècle au satanisme, dans une transe hypnotique et donne au romancier l'occasion d'une description « surnaturaliste » :

> Au-dessus de ce cadavre en éruption, la tête apparaissait, tumultueuse et énorme ; cerclée d'une couronne désordonnée d'épines, elle pendait, exténuée, entrouvrait à peine un œil hâve où frissonnait encore un regard de douleur et d'effroi ; la face était montueuse, le front démantelé, les joues taries ; tous les traits renversés pleuraient, tandis que la bouche descellée riait avec sa mâchoire contractée par des secousses tétaniques, atroces.
> Le supplice avait été épouvantable, l'agonie avait terrifié l'allégresse des bourreaux en fuite.

Le supplice de l'innocent fait de la violence le moyen nécessaire de la fondation mais aussi celui de la paix et de la cohésion de la communauté (on peut aussi songer en parallèle au meurtre de Rémus à l'instant de la fondation de Rome). Cette violence de l'origine s'inscrit à la fois dans une rationalité (elle a une finalité) et dans une « surnature ». C'est au fond ce que nous invitent à comprendre toutes ces représentations de la crucifixion de Jésus qui, dans l'art occidental, sont les images les plus apparentes de la violence.

Nicolas Poussin,
Le massacre des Innocents

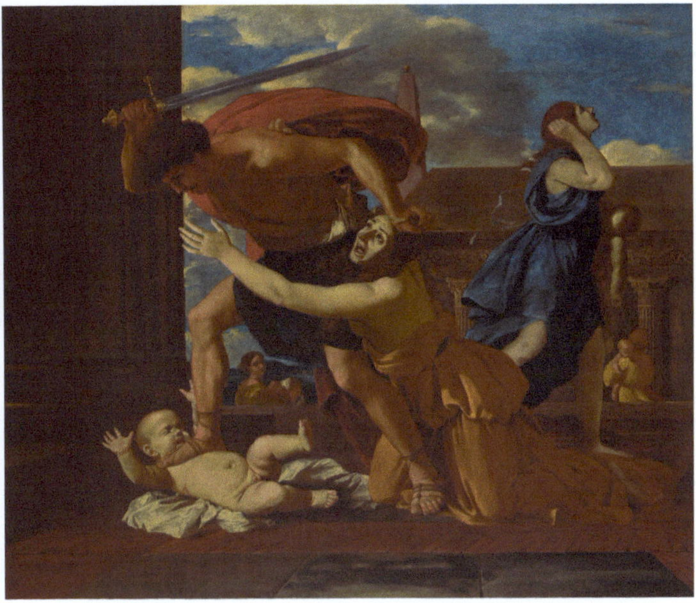

2. Nicolas Poussin, *Le massacre des Innocents*, 1625-1629, huile sur toile, 147 x 171 cm, musée Condée, Chantilly.

Si par « massacre » il faut entendre une tuerie de masse, un abattoir (ce qui est l'acception du mot *matteuca* en bas latin, littéralement : la boucherie où l'on frappe les bœufs à coups de massue) où sont exécutées de nombreuses victimes désarmées, le titre que Poussin donne à son œuvre est mensonger. Plus exactement, il révèle un choix, il souligne une trouvaille, il revendique un procédé rhétorique : la métonymie. Car le peintre, pour évoquer cet épisode que rapporte l'évangéliste Matthieu (Mt 2:13-18), concentre toute notre attention sur l'instant de l'exécution d'un nourrisson sous les yeux de sa mère. Le glaive du soldat est levé, son pied comprime le cou du jeune enfant pour le maintenir au sol, l'homme va frapper à nouveau – on distingue en effet que le sang a déjà coulé – alors que la mère s'accroche au bourreau, hurlant sa douleur dans un cri pour nous silencieux. On aperçoit trois silhouettes qui fuient au loin l'épouvante. Le sujet est ainsi simplifié, presque « schématisé », pour gagner en intensité, en énergie, en émotion; ce sera le massacre d'un seul innocent. De fait, ce que reprend ici Nicolas Poussin, après Giotto, Brueghel, Reni, Rubens, c'est une double référence biblique, celle du massacre des enfants des Hébreux par Pharaon à l'époque de l'esclavage en Égypte et celle du massacre ordonné par Hérode, beaucoup plus tard, et auquel échappe Jésus (qui en fait par ailleurs un « nouveau Moïse »). Si ses prédécesseurs insistent volontiers sur le chaos, la confusion des corps, Poussin choisit de montrer l'essentiel: la violence dans toute son actualisation, poussée à son paroxysme qui lui fait transgresser toute raison.

Violences insensées, folles, sans limite ni véritable finalité autre que le plaisir du spectacle du sang qui coule, ces massacres ne s'expliquent pas par la seule superstition d'un

Prince craintif (pourquoi exécuter tous les enfants jusqu'à l'âge de 2 ans?). Il faut y voir la manifestation de la cruauté, forme que revêt parfois la violence extrême (du latin *cruor*, le sang). La cruauté s'attaque à l'intime et à la dignité, elle s'inscrit dans l'horizon du Mal – ce qui n'est pas toujours le cas de la violence. « C'est l'extrême de tous les vices », écrit Montaigne. Pourquoi m'interdire d'avaler la neige sur le sol pour calmer ma soif? demande Primo Levi à l'un de ses tortionnaires : « *Hier ist kein warum* », lui répond ce dernier, « Ici il n'y a pas de pourquoi ».

Poussin entrouvre la porte de cet enfer. Pour lui, comme pour ses contemporains, « massacre » charrie toujours en effet le souvenir des corps sanglants des victimes de la Saint-Barthélemy (le mot apparaît à la même époque). Le cadre serré du tableau nous empêche de fuir le spectacle de cette violence ultime. Les deux diagonales qui structurent la composition de l'œuvre se croisent sur le visage de la mère où se fixe notre regard. Poussin a-t-il peint ici « le plus beau cri de toute la peinture », comme le dira Francis Bacon? En tous cas il donne à voir le premier d'une longue succession de cris silencieux, de Munch à Picasso, en passant par Bacon précisément. Le spectacle de la cruauté nous laisse sans voix, condamnés à ce terrifiant hurlement silencieux.

Cette œuvre est donc un exemple parfait de la manière dont un peintre use de la composition, et notamment du cadrage au service d'un but précis. Comme l'écrit Alain Mérot, l'un des plus grands spécialistes de Poussin, la « composition de Poussin est obsédante dans son économie ». Poussin montre qu'il sait manipuler les plans, le cadrage et les volumes pour les mettre au service d'une rhétorique de la violence destinée à interpeller plus fortement encore le spectateur et solliciter son empathie : le détail choisi fait office de « concentré » d'inhumanité et laisse imaginer, à lui seul, le reste de ce massacre. C'est la force du choix de Poussin : plutôt que de laisser ce détail se perdre dans un ensemble figurant la totalité de l'événement historique, comme les artistes qui l'ont précédé l'ont généralement fait, laissant l'horreur parler au travers de la démultiplication des corps criants et de l'empilement des cadavres d'enfants, Poussin attire notre attention sur un seul groupe composé de seulement trois personnages, le soldat, l'enfant et la mère hurlant, qui suffit à lui seul à résumer l'atrocité de l'événement.

Ce choix s'explique peut-être par la volonté de Poussin de se conformer aux principes artistiques édictés par le concile de Trente : rendre l'art, et donc l'image, plus accessible à tous, dans un but pédagogique et apologétique. Par la grande lisibilité des émotions et par ce qui apparaît comme une simplification à l'extrême de la narration, Poussin s'y conforme et répond ainsi aux exigences contre-réformistes de l'époque. Ce faisant, il « décontextualise » toutefois la scène en rendant compte uniquement de la confrontation inégale entre un soldat et un enfant et n'éclaire, dans le récit qu'il fait de l'événement, que la cruauté absolue de choisir pour victimes des enfants innocents et la douleur infinie d'une mère.

Mais Poussin peut avoir été motivé par un autre objectif et l'on en vient à la commande, donc à la genèse de l'œuvre : il réalise ce tableau certainement à la demande de Vincenzo Giustiniani, mécène et collectionneur romain. Le choix du sujet ne semble pas anodin, comme souvent en peinture. Il fait écho à un funeste événement ayant frappé la famille Giustiniani en 1566 : le 14 avril 1566, les navires ottomans attaquent l'île de Chios, en mer Égée, alors sous l'autorité du gouverneur génois Giuseppe Giustiniani. Le gouverneur parvient à fuir à Rome avec son fils, Vincenzo, futur commanditaire de l'œuvre à Poussin, mais vingt et un garçons de la famille, entre 12 et 16 ans, furent torturés par les Turcs afin d'être convertis de force. Trois d'entre eux cédèrent avant de fuir à Gênes, mais les dix-huit autres, qui refusèrent de renier leur foi, furent massacrés. Ce « massacre d'innocents » constitua l'un de ces crimes qui marquèrent l'Histoire et le pape Pie V canonisa dès le 6 septembre les martyrs ayant préféré mourir que de renier le Christ. Ce carnage évoque, notamment par le nombre et l'âge des victimes, le massacre historique commandité par Hérode, et la grande histoire vient ici se mesurer et commémorer l'histoire familiale des Giustiniani, le traitement qu'en fait Poussin permettant plus aisément encore la superposition des deux événements.

Artemisia Gentileschi,
Judith décapitant Holopherne

« Les femmes n'ont pas tous les jours des Holopherne à défaire ; mais tous les jours elles ont à combattre le Luxe, la Vanité des délices, toutes les Passions agréables et toutes les facheuses. »
À propos de Judith, dans *La gallerie des femmes fortes*, par le Père Le Moyne, de la Compagnie de Jésus, 6e édition, Paris, Jean Ribou, 1668 [1647].

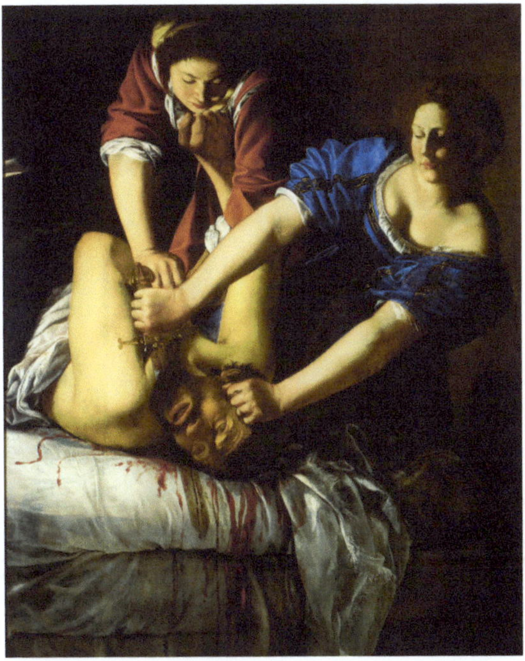

3. Artemisia Gentileschi, *Judith décapitant Holopherne*, 1612-1613, huile sur toile, 158,8 x 125,5 cm, musée de Capodimonte, Naples.

Crime ? Meurtre ? Assassinat ? Homicide ? Comment dire l'acte de violence par excellence, celui qui consiste à tuer un être humain ? Nous hésitons, employons l'un pour l'autre, indifféremment. Il faut pourtant bien distinguer.

Le meurtre et l'assassinat constituent des crimes, des homicides intentionnels. Le crime est en effet une infraction à la loi et à la morale qui fait intervenir la liberté et la volonté du criminel. Homicide s'emploie pour désigner littéralement le fait de tuer un homme volontairement ou involontairement, délibérément ou non. Quant à la distinction entre le meurtre et l'assassinat, elle passe pour la justice par la question de la préméditation : l'assassinat est prémédité, préparé, planifié, calculé. Il s'inscrit dans une logique bien établie à l'avance. L'étymologie supposée du mot renvoie à une secte chiite de tueurs, conditionnés à agir sous l'emprise du haschich. Les *ashishiyyin*, ce sont les « mangeurs de haschich », et leur chef « le vieux de la montagne », Hassan ibn al-Sabbah, leur désignait au XIIIe siècle les ennemis politiques et religieux qu'il fallait abattre. Transportés par la drogue, ils agissaient avec fureur et cruauté. Leur action n'en était pas moins commanditée.

Or c'est très exactement à un assassinat que nous convient les peintres baroques du XVIIe siècle quand ils reprennent le motif développé dans le *Livre de Judith*[1], la mort du général assyrien Holopherne : la belle et riche veuve Judith, aidée par sa servante, séduit, enivre et décapite celui dont l'armée assiège Béthulie. Au spectacle de la tête de leur chef, les soldats s'enfuient et la ville est épargnée. C'est l'instant qui concentre toute la violence de cet assassinat que choisit de représenter Artemisia Gentileschi : l'homme se débat alors que la servante le maintient sur son lit, pendant que Judith empoigne les cheveux d'Holopherne d'une main et de l'autre lui découpe la gorge. La victime hurle, les visages des deux femmes sont impassibles, le sang éclabousse les draps. Les deux complices s'accordent parfaitement, à l'instar du bleu de la robe de Judith et du rouge du vêtement de la servante. Holopherne est nu, ce n'est plus un dignitaire assyrien, c'est un corps, une chair dans laquelle plonge un poignard, une simple bête qu'on abat en l'honneur de Dieu, au sens étymologique une victime.

Cet épisode biblique que traite l'artiste donne à celle-ci surtout l'opportunité d'un détournement et d'un retournement : Artemisia prête à Judith ses propres traits et à Holopherne ceux de son violeur, le peintre

1. Le *Livre de Judith* fait partie des textes deutérocanoniques du canon catholique, intégré par le concile de Trente, et remonterait au IIe siècle av. J.-C.

Agostino Tassi[1]. Dès lors, la violence que représente le tableau, le théâtre cruel de l'assassinat d'Holopherne, va opérer une véritable catharsis, une purge. Le spectacle que l'artiste met en scène a pour elle-même les vertus d'une tragédie, exprimant un renversement de situation : la victime désormais n'est plus passive. Elle passe à l'action, c'est elle à présent qui domine son violeur et qui pénètre sa chair et fait couler son sang.

Tout est donc effet de contraste : le traitement de la couleur, du clair-obscur, l'expressivité et la violence de la représentation sont la manifestation d'une réelle évolution dans l'art d'Artemisia encore au début de sa carrière. La lumière vient accentuer la brutalité du moment représenté, le moment où Holopherne lutte encore mais sait qu'il va mourir puisque Judith, aidée de sa servante Abra, est en train de le décapiter. Le ténébrisme, avec la présence importante du noir dans la composition, la lumière, qui provient de la gauche qui éclaire puissamment mais partiellement les chairs, ainsi que les expressions des trois visages sont le signe de l'influence d'un artiste dont l'art a fortement marqué Artemisia : Le Caravage.

1. En 1611, alors qu'elle n'est âgée que de 17 ans et travaille à Rome dans l'atelier de son père, le peintre Orazio Gentileschi, elle est violée par Agostino Tassi, l'un des plus proches collaborateurs d'Orazio.

L'horreur et la tension du moment représenté, avec le visage d'Holopherne dont les yeux sont révulsés, sa bouche entrouverte laissant apparaître ses dents et sa peau plissée sous la pression de la main de Judith qui lui empoigne une mèche de cheveux pour le maîtriser, sont encore augmentées par les coulures de son sang sur les draps blancs.

L'acte d'une violence ultime de la décapitation est assez fréquent dans le répertoire sacré : Goliath décapité par David, la décollation de Jean le Baptiste à la suite de la danse et à la demande de Salomé. Ces récits mettent souvent en scène un plus faible – David, ou des femmes comme Judith et Salomé – face à un homme de pouvoir et/ou à la force physique supérieure. Mais les artistes ont généralement représenté ces « face à face » après la décapitation, figurant la tête de Goliath aux pieds du jeune David ou bien celle de Jean le Baptiste sur un plateau apporté à Salomé. Même dans le cas du récit de Judith et Holopherne, on figure plus volontiers la servante de Judith ou Judith elle-même emportant la tête du général assyrien dans une corbeille ou sur un plateau (Botticelli, Mantegna, Rubens, etc.). Et l'on a rarement représenté, comme le fait Artemisia, ce moment précis, crucial, fatidique de l'acte de décapitation. Le moment choisi implique certainement qu'elle a voulu figurer ce moment de la prise de pouvoir, à la fois physique et morale, de ces deux femmes sur un homme cruel, et leur détermination à se venger pour libérer le peuple d'Israël de son oppresseur, comme une métaphore de sa propre libération face à l'homme qui l'a violentée.

Le récit de Judith et Holopherne n'est pas univoque ; il est soumis à l'interprétation que l'on fait du personnage de Judith. Elle fait partie de ces galeries de « femmes fortes », modèle littéraire et rhétorique humaniste né d'une volonté de ne plus présenter la femme seulement comme un être jugé responsable, dans la culture judéo-chrétienne, du péché et donc de la déchéance de l'humanité, mais au contraire d'exalter, à travers quelques exemples paradigmatiques, l'exemplarité féminine (c'est le cas du Père Le Moyne cité plus haut). Mais Judith a également pu être jugée à l'aune de la violence et de la froideur de son geste et des moyens mis en œuvre pour y parvenir (se parer de ses plus beaux atours, user de sa beauté, de ses charmes et de l'ivresse de sa victime). Ce clivage, cette dualité, seront exploités par les artistes.

Ici Artemisia opère un choix dans sa manière de nous présenter la figure de Judith comme une « femme forte ». Bien souvent, l'art d'Artemisia Gentileschi ne fut interprété qu'au travers du traumatisme lié à ce viol et son histoire récupérée par une historiographie féministe. Cet événement tragique bouleversa sans aucun doute sa manière de peindre, d'envisager sa vie de femme et sa carrière d'artiste. Il ne faut toutefois pas réduire son art à une réaction violente à l'égard des hommes, ni expliquer l'œuvre de la jeune femme uniquement à la lumière de cet événement et de ses conséquences psychologiques. Car Artemisia est une artiste de grand talent. D'illustres mécènes, princes et collectionneurs lui commandèrent des œuvres, du Grand-duc Cosme II de Médicis à Philippe IV d'Espagne. Elle voyage à Florence, Naples, Londres et assimile les leçons des grands artistes de son temps, Le Caravage, Simon Vouet, Lodovico da Cigoli. Ainsi, par ses actes comme par sa réussite inédite pour une femme du XVIIe siècle, Artemisia aura prouvé sa réelle capacité à se hisser au même rang que ses homologues masculins. Elle parvient, par l'intelligence indéniable de son parcours, à se libérer de l'autorité masculine à laquelle toute femme était alors irrévocablement soumise.

Gérard David, *Le jugement de Cambyse*

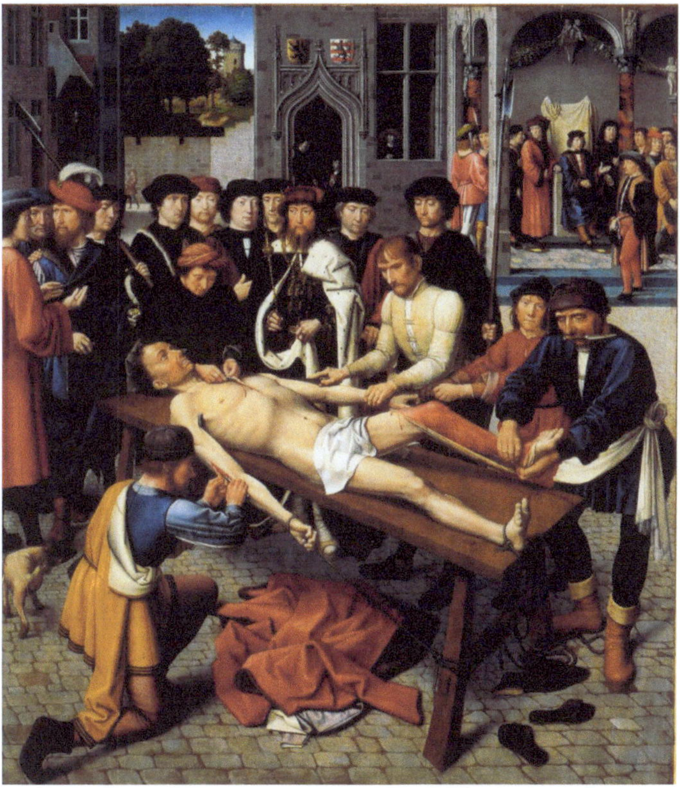

4. Gérard David, *Le jugement de Cambyse*, 1498, huile sur bois, 202 x 349,5 cm, musée Groningen, Bruges.

Les tableaux de justice font partie des sujets que l'on rencontre fréquemment dans le répertoire des primitifs flamands complétant, dans le champ du profane, les sujets sacrés tirés de l'Ancien ou du Nouveau Testament. Ces œuvres à la fonction didactique et morale servaient de rappel, de modèle ou de contre-exemple tant aux juges qui siégeaient dans les cours de justice qu'aux plaignants, accusés et avocats. C'est pourquoi elles ornaient souvent les lieux où l'on rendait la justice comme cela était certainement le cas de ce diptyque de Gérard David destiné à orner la salle échevinale de Bruges.

L'épisode du jugement de Cambyse est raconté par Valère Maxime (Ier siècle apr. J.-C.) et inspirée d'un récit antique rapportant l'histoire du juge perse Sisamnès – l'un des juges royaux du souverain achéménide Cambyse – condamné à être écorché vif pour corruption. Le diptyque de Gérard David figure les deux moments de l'arrestation du juge d'une part et de son châtiment d'autre part.

Pourquoi ce choix mettant en scène une justice des hommes particulièrement brutale et violente ? Cette commande serait liée à un contexte historique bien précis, en rapport avec la révolte des Brugeois contre Maximilien d'Autriche, régent des Pays-Bas, qui eut lieu entre 1487 et 1491. D'ailleurs, pour ancrer davantage la référence contemporaine, Gérard David introduit, à la demande des commanditaires, des portraits de notables ainsi que celui du fils de Maximilien, Philippe le Beau, qui aurait été ajouté suite à son accession au titre de duc de Bourgogne ; et pour accentuer encore la convergence de la commande avec l'actualité de la ville, figurent des monuments de Bruges tels que la Loge et la maison des échevins à l'arrière-plan de la composition. Le diptyque s'adressait donc bien aux Brugeois et le message, notamment destiné aux échevins, était clair : mettre en garde l'administration et les notables de la ville des conséquences de toute trahison.

Bien sûr, l'effroi que suscite le spectacle de l'écorchage – soit un châtiment équivalent à celui d'un crime de lèse-majesté – pour corruption a un but précis : frapper l'esprit, horrifier le citoyen, observateur forcé du spectacle de la justice rendue. Le détail, la minutie de la représentation propre aux primitifs flamands sert cet objectif. La jambe de Sisamnès est déjà presque totalement écorchée, le réalisme anatomique des plis de la peau sur le pied qu'on lui retire comme on pèlerait une pêche est glaçant, tandis qu'un autre bourreau lui scalpe le bras droit avec une précision chirurgicale et que deux autres s'attellent à son torse et son bras gauche. L'expression du supplicié ne laisse pas de doute quant à la souffrance qu'il est en train d'endurer. Et pour ajouter à l'horreur, les lambeaux de peau prélevés serviront à couvrir le siège du juge qui lui succédera, en l'occurrence le fils de Sisamnès lui-même, Otanès, représenté à l'arrière-plan droit, siégeant déjà.

Alors comment la justice peut-elle être aussi violente ? C'est bien ce que Thomas More condamne dans son *Utopie* (1516), décrivant la potence comme la pire des injustices infligées à l'homme par lui-même, qui se sert du prétexte de la justice pour tuer ses congénères. Il écrit :

> On m'objectera, sans doute, que la société, en frappant de mort, venge la justice et les lois [...]. Je répondrai par cet axiome : *Summum jus, summa unjuria. L'extrême droit est une extrême injustice.* La volonté du législateur n'est pas tellement infaillible et absolue qu'il faille tirer le glaive pour la moindre infraction à ses décrets.

Cette violence légale est pourtant utile. Nietzsche, dans la seconde dissertation de la *Généalogie de la morale* (1887), y voit la condition de la mémoire collective des peuples :

> Plus l'humanité a eu mauvaise mémoire, plus l'aspect de ses coutumes a été épouvantable ; en particulier la dureté des lois pénales permet d'évaluer les difficultés qu'elle a éprouvées pour se rendre maîtresse de l'oubli et pour maintenir présentes à la mémoire de ces esclaves du moment, soumis aux passions et aux désirs, quelques exigences primitives de la vie sociale [...].
>
> Grâce à de pareils spectacles, de pareils drames, on arrive enfin à fixer dans la mémoire cinq ou six « je ne veux pas », rapport à quoi l'on a donné sa *promesse*, afin de jouir des avantages de la société, – et, vraiment, à l'aide de ce genre de mémoire on arrive enfin « à la raison » !

Le fils de Sisamnès, condamné désormais à siéger sur la peau de son père supplicié, n'est pas prêt d'oublier ce qu'il en coûte aux juges corrompus. Quant à Cambyse II, « l'éclat du supplice », pour reprendre la formule de Michel Foucault, restaure sa « souveraineté un instant blessée[1] ».

Enfin, ce panneau annonce des œuvres tout aussi glaçantes de la peinture hollandaise, telles que le *Bœuf écorché* (voir Illustration 6[2]) ou *La leçon d'anatomie du docteur Tulp* de Rembrandt. Mais il préfigure plus généralement la place du motif de l'écorché dans l'art qui sera présent sans discontinuer, égrainé par des thèmes allant du *Supplice de Marsyas* aux *Écorchés* de Houdon en passant par Léonard de Vinci ou encore le traité médical de Vésale, montrant le corps humain d'une manière tenant à la fois du macabre et de la distance scientifique anatomique.

1. À propos du supplice de Damien dans *Surveiller et punir*, Paris, Gallimard, 1975.
2. Se référer à la table des illustrations en fin d'ouvrage.

Jacques-Louis David, *La mort de Marat*

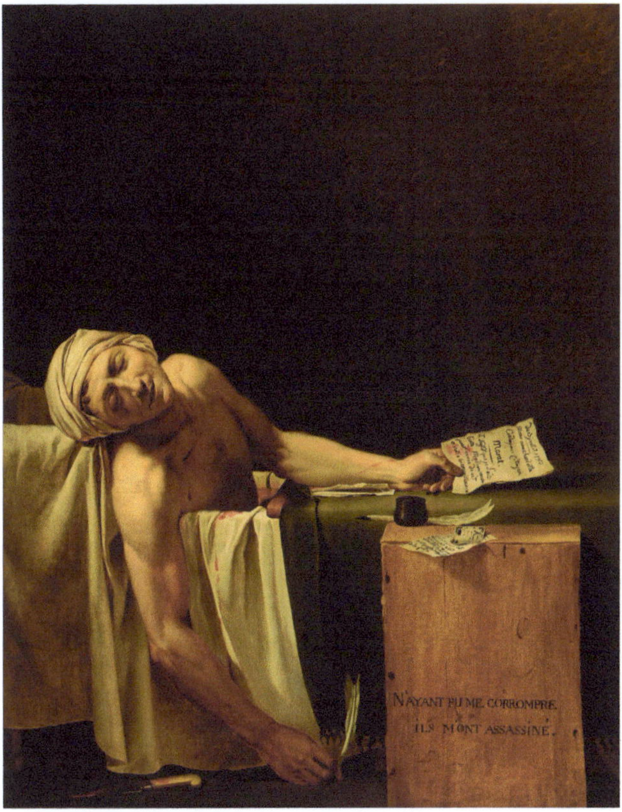

5. Jacques-Louis David, *La mort de Marat*, 1793, huile sur toile, 111,3 x 86,1 cm, musée des Beaux-Arts, Reims.

« J'ai tué un homme pour en sauver mille autres », va déclarer Charlotte Corday, après avoir poignardé Jean-Paul Marat, le rédacteur de *L'Ami du Peuple*, un théoricien actif de la Terreur. Munie d'un couteau de cuisine acheté quelques jours auparavant, la jeune femme s'introduit le 13 juillet 1793 chez le journaliste et le frappe à la poitrine alors qu'il se trouve immobilisé dans sa baignoire. L'assassinat de Marat bouleverse David. Le célèbre polémiste proche des Montagnards était son ami, le peintre était un familier de l'appartement où l'on découvre le corps de Marat. David se met immédiatement à l'œuvre et fait du journaliste assassiné un martyr de la Révolution.

Tout oppose ce tableau de David (il s'agit ici en reproduction de l'une des nombreuses copies de l'époque sorties de l'atelier du maître) à celui d'Artemisia Gentileschi. Celle-ci capte le geste qui tue, alors que pour David, tout est accompli. Il représente dans une composition extrêmement épurée la victime reposant tranquillement dans une mort qu'on imagine paisible, presque douce : un sourire se dessine sur ses lèvres à l'instant du dernier soupir. La criminelle a disparu, son acte indigne d'être célébré par l'art est évacué et ne reste pour seul indice de la violence qui s'est abattue dans la pièce que le couteau sur le sol. David peint, avec un souci de réalisme, un intérieur dont la simplicité et la frugalité révèlent la vertu de la victime : l'encrier, la plume, les deux feuilles de papier, le billot de bois qui sert d'écritoire, la baignoire en sabot et les linges qui la tapissent sont disposés à la manière des maîtres des « natures mortes » du XVIIe siècle. Un détail significatif : le couteau, si souvent présent dans ces tableaux qui agencent fleurs, fruits et gibiers offerts au regard, prélevés sur la Nature et dont l'artiste fixe la beauté éphémère. Il y a presque toujours sur le rebord de la table ou du plan de travail un couteau qui traîne, comme pour rappeler le prix de la violence payé par l'art : ces fleurs ont été coupées, ces fruits cueillis et ces animaux furent le butin de chasseurs. Le plaisir esthétique a, semble-t-il, un coût. La toile de David appartient, à sa façon, à la famille de ces tableaux que les Flamands appellent « *Stilleven* » (« Vies silencieuses »).

Le peintre annule le fracas de l'assassinat au profit du silence de la vie éternelle d'un martyr. En effet, le cadavre, si pâle et quasi marmoréen, consacré par l'art de David, devient le corps d'un nouveau Christ : la plaie ouverte sur le torse, le bras droit pendant et la tête penchée sur le côté évoquent la position de Jésus dans les bras de Marie sculptée par Michel-Ange, ou encore *La mise au tombeau* du Caravage. L'assassinat que perpètre Charlotte Corday est un sacrilège. Mais il s'agit aussi de dénoncer une injustice : le tableau prend la parole. Il dresse au procès de l'Histoire un réquisitoire contre la criminelle : sur le billet que Marat rédige quand il est surpris par sa visiteuse, on lit distinctement que le journaliste réclame de la République une pension pour « une mère de cinq enfants dont le mari est mort pour la patrie ». À ces lignes font écho celles que Charlotte Corday a rédigé pour s'introduire auprès du publiciste : « il suffit que je sois bien malheureuse pour avoir droit à votre bienveillance ». L'assassin a traîtreusement joué de la bonté et de la générosité de « l'Ami du peuple ». Roland Mortier parle à juste titre d'une « canonisation laïque » qui conduira en effet à la panthéonisation, car tout cela est faux. Mais il contribue à l'édification du mythe par-delà la mort.

Pour autant, le réalisme du cadavre de Marat est tel qu'il déstabilise. Dans le *Journal de Paris* (22 octobre 1793), on écrit « qu'il est effectivement difficile d'en soutenir longtemps la vue, tant l'effet en est terrible ». L'art de David fait de son ami Jean-Paul Marat un modèle d'humanité et de vertu républicaine, un martyr de la Révolution. Le tableau, souvent copié, devient un objet dévotionnel et prépare déjà le transfert futur des cendres au Panthéon. Aujourd'hui encore, il est repris par Yan Pei-Ming dans une exposition de 2023 au Palazzo Strozzi à Florence, montrant son attachement à l'histoire de France et à l'art français en choisissant précisément cette œuvre, du fait de sa place si singulière dans l'Histoire et dans l'histoire de l'art, à la fois comme objet esthétique et comme objet symbolique. Par l'image, l'événement sera définitivement inscrit dans l'imaginaire collectif français.

Rembrandt, *Le bœuf écorché*

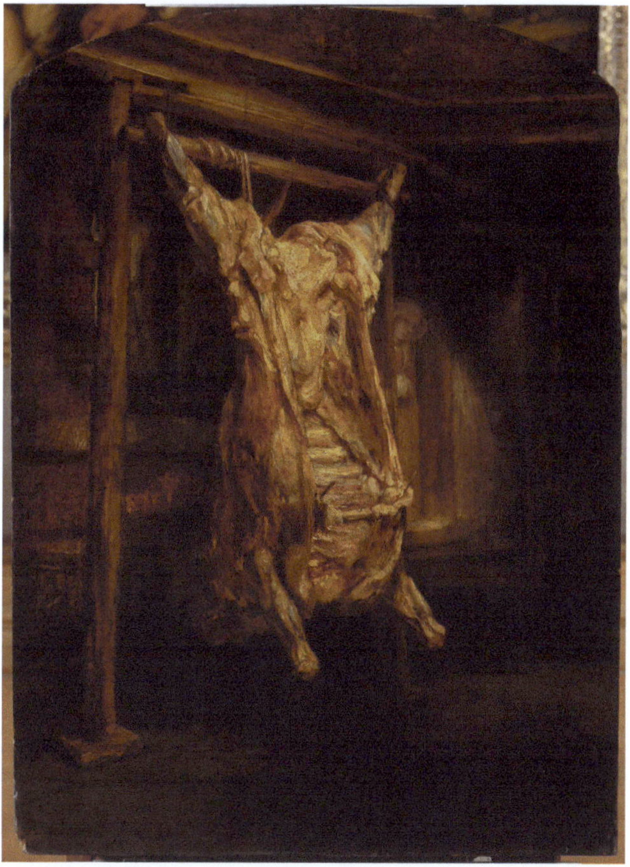

6. Rembrandt, *Le bœuf écorché*, 1655, huile sur bois, 94 x 69 cm, musée du Louvre, Paris.

Voici une « nature morte » singulière et inquiétante : un animal écorché, sans ses sabots, sans sa tête, écartelé sur une potence de boucher, forme sanguinolente, épaisse et qui semble avoir subi un indicible supplice. L'allusion christique, la cruauté du sacrifice et la luisance surnaturelle de la chair du bœuf donnent à cette scène enténébrée une dimension surnaturelle. Devant cette œuvre d'une brutale simplicité, nous sommes pris entre la fascination et le dégoût. L'objet livré à notre regard perd de son identité, ses contours disparaissent, les parties glissent les unes dans les autres dans une boue de chair et de graisse, la chose devient immonde, méconnaissable, mystérieuse. Se devine évidemment la nature de ce que le peintre nous force à contempler et que souligne encore le titre du tableau. Mais de ce bœuf que reste-t-il sinon la violence ultime de cette régression vers l'informe, la violence comme puissance de dissolution du sens, régression forcée, volontaire et préméditée vers le chaos primitif? Ce bœuf n'est plus qu'un animal, cet animal n'est plus qu'une carcasse, cette carcasse n'est plus qu'un amas de chair et cette chair enfin est réduite à n'être que pure et impure matière.

Ce retour à la nature matérielle et pâteuse de la réalité a quelque chose qui participe d'une alchimie effrayante à laquelle on redoute d'être initié : « la chair est de la boue dont la lumière fait de l'or », écrit Paul Valéry à propos du tableau. Ce tableau que Rembrandt a conservé toute son existence dans son atelier recèle ainsi un secret qui conduit bien au-delà de ce que Nietzsche appelle « le domptage artistique de l'horrible ». Ce « bœuf écorché » devient alors – et contre toute attente – une source abondante d'inspiration : Soutine, Fautrier, Bacon reviennent en effet sur le motif qui laisse deviner que l'artiste, pour accéder à la vérité de la chose, doit davantage en écorcher la peau qu'en lever le voile de l'apparence. Le geste du peintre n'est jamais délicat. Il est brutal. Il est l'essence même de la violence.

Mais Soutine, Fautrier ou encore Bacon ne sont pas totalement fidèles à Rembrandt. Ils oublient à l'arrière-plan la silhouette de la servante qui jette un regard sur la carcasse qui brille dans l'obscurité. Terrorisée peut-être, en tout cas spectatrice. Cette présence énigmatique et souvent négligée rappelle que la violence est toujours un spectacle, au sens où la violence disparaît quand disparaît le regard pour l'évaluer ou la conscience pour le juger.

De fait, la violence visuelle de l'œuvre est destinée, comme toute image du maître hollandais, à faire sens. Si l'iconographie du bœuf écorché relève d'une tradition hollandaise de la scène de genre et plus précisément de scènes de cuisine, d'étals de boucheries qui mettent en image des carcasses et font référence à l'abattage, à la conservation et à la consommation de viande, ces images saisissent également le spectateur, le poussant à s'interroger sur son propre rapport à l'animal, au sang, au corps et à la mort. Outre Soutine ou Bacon, on peut également rapprocher le tableau de Rembrandt de la *Nature morte avec des côtes et une tête de mouton* (1808-1812, musée du Louvre) de Francisco de Goya, évocation par la nature morte des désastres de la guerre. La tragédie animale décrite serait à l'image de la tragédie humaine. D'autres encore on reprit cette assonance sacrificielle de la nature morte présentant des pièces de boucherie, comme un aveu de la violence et de la cruauté irrépressible de l'humain. Mais on remarquera que Rembrandt n'a pas choisi de représenter un agneau. La dimension christique, ou plus généralement spirituelle, des natures mortes présentant de la viande, du vin, du pain comme évocation de l'eucharistie n'est peut-être pas prépondérante ici.

Gérard Wajcman écrit à propos de la nature morte : « l'excitant majeur de la nature morte serait celui qui met l'œil en appétit », et parle de l'œil qui « peut *ingurgiter* des images jusqu'à plus soif[1] ». Elles sont d'autant plus saisissantes qu'elles possèdent un pouvoir haptique, convoquant aisément certes la vue mais également l'odorat, le toucher et même le goût dans ce répertoire si particulier. C'est donc là peut-être que résiderait l'enjeu ; il n'y a pas d'échappatoire, le regard est pris au piège par la radicalité de la composition et vient éveiller les autres sens. Contrairement à d'autres compositions sur le même thème, chez Rembrandt

1. Gérard Wajcman, *Ni nature, ni morte ; les vies de la nature morte*, Caen, Nous, 2022.

il n'y a pas de boucher, pas d'arrière-cuisine, par d'autres éléments permettant de détourner le regard. Inscrite dans un espace totalement clos, nous sommes contraints à regarder cette carcasse[1]. La question reste alors ouverte de savoir si cette image renvoie à la vie ou à la mort. Elle est peut-être, comme semble le penser Jan Blanc, éminent spécialiste de la peinture hollandaise, une promesse de bonheur, de festin, d'un repas opulent en préparation, conformément à ces natures mortes d'apparat, les *pronkstillevens* qui, au-delà de l'ostentation, éveillent le désir. Il s'agit alors d'aller au-delà du premier ressenti face à l'image, le dégoût ou le malaise qu'elle suscite, pour la replacer dans son contexte de production et en saisir les multiples niveaux de lecture.

1. Valérie Boudier, « Lorsque le morcellement animal structure l'espace de la représentation », *Anthropology of food*, S13, 2019.

Un autre regard
À l'origine biblique de la violence : l'histoire d'Abel et Caïn

Dans le récit de la Genèse, après la Faute et l'expulsion d'Adam et Ève du jardin d'Éden, l'humanité entre dans son historicité. Plusieurs attributs accompagnent cette nouvelle condition du premier couple : l'obligation pour l'homme de travailler la terre, mais également son statut de mortel. Désormais, l'homme « gagnera son pain à la sueur de son front », signifiant sa condition laborieuse et Ève « enfantera dans la douleur », la Chute ayant entraîné l'irruption de la maladie, de la souffrance et de la mortalité de l'homme, faisant des hommes ce que Lise Wajeman appelle « des corps souffrants et jouissants », ce moment où « les corps se lestent de chair[1] ».

La première famille voit alors le jour, Ève donnant naissance à Abel et Caïn. Leur histoire est racontée dans le quatrième livre de la Genèse (Gn 4:1-17). L'un devient berger, l'autre agriculteur. Au moment de faire une offrande à Dieu, Caïn, l'agriculteur, offre les fruits de la terre tandis qu'Abel offre en sacrifice les premiers-nés de son troupeau. Sans que le texte n'en explique les raisons, Dieu accepte

1. Lise Wajeman, *La parole d'Adam, le corps d'Ève ; le péché originel au XVIe siècle*, Genève, Droz, 2007, p. 18.

l'offrande d'Abel et refuse celle de Caïn, laissant ce dernier plein de colère et de ressentiment à l'égard de son frère.

Alors que le meurtre constitue l'acte paroxystique de la violence parce qu'irrévocable, le geste commis par Caïn est non seulement le premier meurtre de l'histoire de l'humanité, mais c'est aussi un fratricide; c'est donc un véritable tabou qui marque au fer rouge l'introduction de la violence dans le cours de l'histoire de l'humanité.

Le récit d'Abel et Caïn fait partie de ces mythes qui ont suscité, au fil des siècles, de multiples interprétations rendues possibles par le caractère évasif du texte biblique. Cette palingénésie est la manifestation de son ancrage dans l'imaginaire européen et de l'importance de l'événement aux yeux des artistes et intellectuels. Car si le récit vétérotestamentaire décrit ce premier meurtre de l'Histoire, il reste muet concernant les motivations, les justifications de ce geste et ne permet pas d'émettre une interprétation univoque. Il laisse un certain nombre de questions ouvertes, questions revenues sans cesse dans l'exégèse et dont les réponses permettraient de mieux déterminer la *violence* de l'événement: pourquoi Dieu refuse-t-il l'offrande de Caïn? Le geste de Caïn était-il prémédité? Quelle était la nature de la relation entre les deux frères? C'est du caractère inexplicable du choix divin et du passage à l'acte que naît la violence insondable de cet événement qui fait entrer l'humanité dans l'âge du conflit, du crime, de la mort. Et c'est donc dès les origines du monde, avec l'histoire de ces frères ennemis, que se dessinent les contours du Bien et du Mal dans la civilisation judéo-chrétienne.

Si les ambiguïtés et les « blancs » du texte biblique ont laissé la possibilité à une glose riche quant à l'interprétation ou à la leçon à en tirer, les artistes se sont emparés de cet épisode pour des raisons tant symboliques que formelles. La représentation de l'épisode varie : soit elle montre Abel mort aux pieds de Caïn, avec les étapes ayant précédé l'acte odieux, notamment l'offrande, permettant de contextualiser le geste de Caïn et de rappeler le rôle de Dieu dans cette succession d'événements ; soit elle montre un combat entre les frères (combat qui n'est d'ailleurs pas décrit dans le texte génésiaque), Abel souvent représenté déjà à terre et se débattant avant le coup fatal. Les artistes ont ainsi dû extrapoler ou s'appuyer sur la glose tant le texte biblique est silencieux sur de nombreux aspects de l'événement. C'est ce qui explique les écarts de représentations, chaque artiste s'emparant d'un aspect du mythe pour en produire une vision.

Les deux gravures choisies ici illustrent les deux options de représentation les plus fréquentes. La gravure d'Antonio Tempesta (voir Illustration 7) montre à l'arrière-plan les deux offrandes : celle refusée par Dieu à l'extrême droite, dans l'axe vertical de Caïn représenté au premier plan, sur le point d'asséner le coup fatal à Abel, et celle d'Abel, acceptée, et dont les nuées remontent jusqu'à la figure divine. En contextualisant l'événement, Tempesta rappelle le cadre narratif biblique ; le lieu dans lequel se déroule la scène rappelle quant à lui fortement le jardin d'Éden, peuplé d'animaux, comme pour évoquer ce qui a déjà été perdu suite au péché et à la première désobéissance des hommes.

Mais l'histoire des deux frères pouvait également servir de récit moralisant et édifiant, opposant vices et vertus, notamment par leur dualité, très appuyée dans l'exégèse chrétienne. Cette dualité pouvait aisément, aux yeux des exégètes chrétiens, constituer une forme de psychomachie, un combat entre Vice et Vertu. Selon cette interprétation, Caïn est considéré comme incarnant la Félonie ou encore l'Envie, combattant Abel incarnant l'Équité. La lutte, telle qu'elle est représentée par Lucas de Leyde (voir Illustration 8), pourrait être héritée de cette interprétation médiévale de l'épisode. Il choisit de montrer Caïn qui semble pris dans ce que l'on pourrait qualifier de véritable folie meurtrière, l'envol de sa tunique faite d'une peau de bête, sa position arc-boutée augmentant encore l'effet dramatique. Les jambes musclées des deux frères, celle d'Abel au niveau de l'entrejambe de son frère et celle de Caïn sur le torse d'Abel, insistent sur la puissance de l'affrontement. Quant à l'expression qui se devine sur le visage d'Abel, c'est la surprise et l'incompréhension qui le submergent, semblant pris au dépourvu par la violence et la soudaineté de l'acte commis par Caïn. Les deux feux encore en train de brûler à l'arrière-plan rappellent l'origine de cet affrontement. Le meurtre d'Abel est un sujet apprécié également parce qu'il justifie la représentation d'une lutte physique entre deux hommes, un type de représentation permettant de mettre en image le modèle du nu masculin, particulièrement valorisé à partir de la Renaissance.

L'histoire d'Abel et Caïn constitue une véritable herméneutique de la violence. Le récit a une fonction philosophique, pédagogique et suppose de réfléchir aux implications de cette violence humaine engendrée par une succession d'événements et par la nature de ses protagonistes.

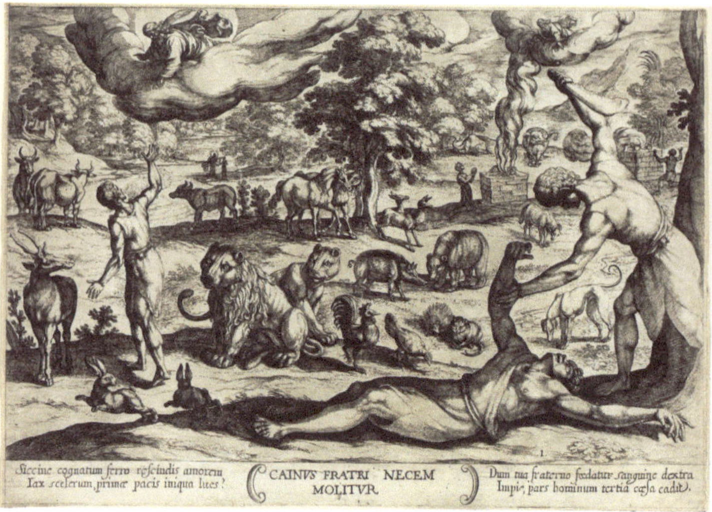

7. Antonio Tempesta, *Caïn tue son frère Abel*, 1613, gravure, National Gallery of Art, Washington, D.C., Courtesy National Gallery of Art, Washington.

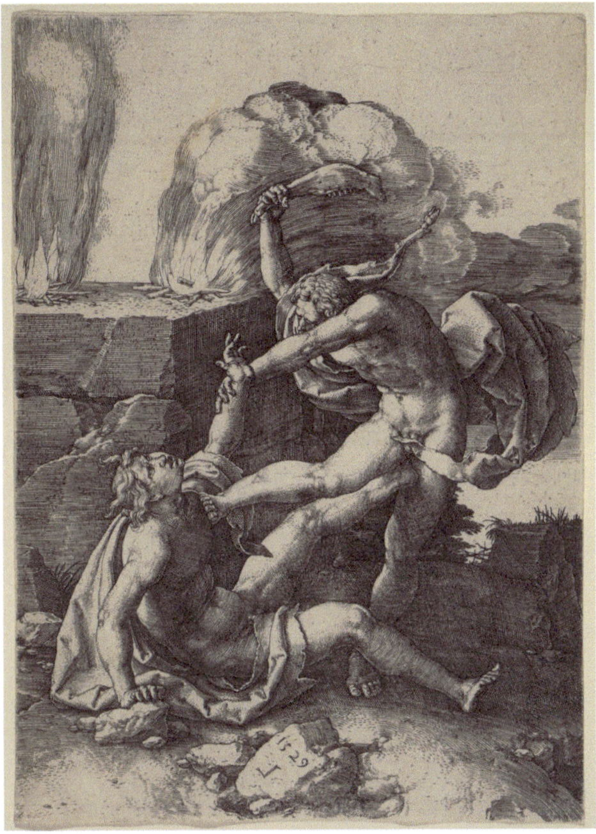

8. Lucas van Leyden, *Caïn tuant Abel*, 1529, gravure, National Gallery of Art, Washington, D.C., Courtesy National Gallery of Art, Washington.

Partie II
L'artiste, témoin et chroniqueur de guerre

Léonard de Vinci, *La lutte pour l'étendard*, détail pour la *Bataille d'Anghiari*

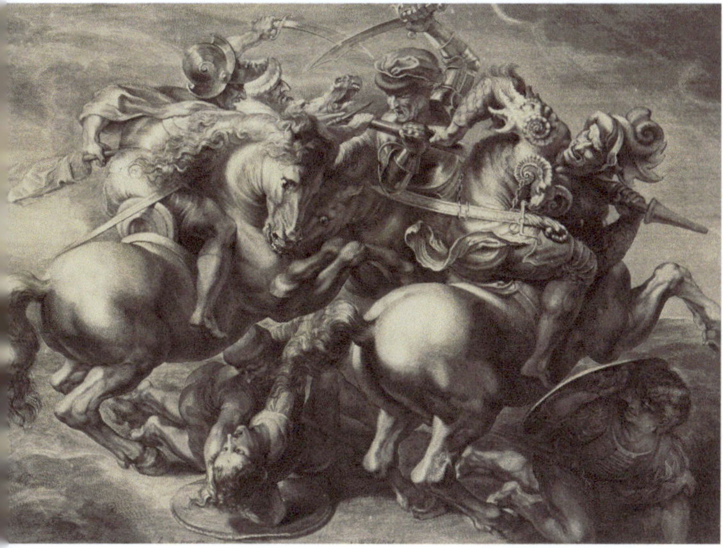

9. Gérard Edelinck, *Bataille d'Anghiari*, 1657-1666, gravure, 49,2 x 62,9 cm, Clark Art Institute, Williamstown, cadeau de Richard Kent, 12 mai 2017.

Une « folie bestiale ». C'est ainsi que Léonard de Vinci qualifie la guerre et c'est ce qu'il va chercher à traduire en peinture pour la commande qui lui est faite à l'automne 1503 par la République florentine. Cette scène est un « morceau » d'une composition plus large qui devait représenter une scène de bataille qui opposa les Florentins et les troupes du duc de Milan. D'après les sources, cette bataille historique eut lieu le 29 juin 1440, dans la plaine d'Anghiari, en Toscane. Les Florentins étaient placés sous le commandement de Pier Giampaolo Orsini et associés aux milices du pape Eugène IV. L'armée milanaise était dirigée par Niccolò Piccinino. La bataille prit un tournant décisif lorsque les Florentins finirent par s'emparer du pont sur le Tibre, contraignant l'imposante armée milanaise à battre en retraite.

Il s'agit donc de célébrer cette victoire militaire au sein du palais où siège le gouvernement de la ville, le palais de la Seigneurie (Palazzo Vecchio) ; mais de cette fresque, il ne reste rien. Ce que l'on sait du projet de Léonard de Vinci, on le connaît par les études et les esquisses (notamment une esquisse de la main de Léonard qui a été reproduite avant sa destruction en 1560) figurant entre autres ce détail de *La lutte pour l'étendard* et qui nous permettent de comprendre combien la composition de sa *Bataille d'Anghiari* s'éloignait des autres figurations des batailles. Plutôt que de choisir une composition horizontale, lisible, avec des soldats « en ordre de bataille », le peintre choisit de tout concentrer dans ce que Daniel Arasse appelle une « figure symbolique du combat » dans laquelle il condense « l'image de la fureur guerrière telle qu'il pouvait imaginer la représenter[1] ». C'est pourquoi il privi-

1. Daniel Arasse, *Léonard de Vinci; le rythme du monde*, Paris, Hazan, 1997.

légie ce moment dramatique de la lutte pour l'étendard ; les étendards conquis et confisqués par les Florentins deviennent des trophées signifiant la défaite des Milanais.

La violence humaine, l'effet que produit la fureur guerrière sur l'homme, est donc au cœur de cette composition et de la démarche de Léonard de Vinci. Giorgio Vasari écrit dans sa biographie de l'artiste que « Léonard dessina un nœud de chevaux en train de combattre pour un étendard, une chose excellentissime et de maîtrise parfaite [...] ; on n'y voit pas moins de rage, de haine et de vengeance dans les hommes que dans les chevaux[1] ». Certains parlent, à juste titre, d'un *vortex* pour qualifier ce nœud d'hommes et de chevaux entremêlés. C'est le mouvement commun de l'homme et de l'animal, mais aussi les expressions allant jusqu'à défigurer les modèles tant humains qu'animaliers qui servent à traduire la violence, l'inhumanité de l'acte de guerre.

Inhumaine, la guerre est-elle dès lors encore « violence » ? Le *vortex* dont il est question plus haut emmêle très significativement les hommes et les animaux, les entraînant dans une hybridation monstrueuse contre laquelle il leur semble impossible de résister. La guerre commence par être violence de moins en moins

1. Giorgio Vasari, Les *vies des meilleurs peintures, sculpteurs et architectes*, Florence, Lorenzo Torrentino, 1550.

volontaire, de moins en moins « humaine » au point que la bestialité finit par s'y substituer. C'est le sens de l'expression « folie bestiale » qu'emploie Léonard. La guerre cesse d'être alors juste ou injuste, réglée par un « *jus in bello* », un droit de la guerre, ne visant plus que la destruction de l'adversaire et non plus sa soumission. La fin de cette conception absolue et moderne de la guerre, c'est alors l'anéantissement. Peut-on toujours dès lors parler de violence quand la nature déborde la culture ? L'expression « violence naturelle » est toujours un abus du langage, une métaphore animiste. De fait Léonard est bien conscient d'une limite à la violence des hommes que dépasserait peut-être une « ultraviolence » de la nature, terrifiante.

Car s'il est bien un artiste qui a cherché à décrire, parce que fasciné par ces phénomènes, sans parvenir toujours à les distinguer, la violence des forces naturelles tels que les déluges et la violence des hommes, c'est bien de Vinci. Il figurera en peinture ce qui sera, pour lui, indescriptible autrement : les torrents impétueux, les jaillissements de l'air et de l'eau, les tourbillons ou tempêtes… il observe des phénomènes atmosphériques d'une force et d'une violence contre lesquelles l'homme ne peut rien et cherche à les traduire en image.

La lutte pour l'étendard est l'histoire d'une double violence : celle représentée mais aussi celle de l'histoire de sa réalisation puisque cette commande s'accompagne d'un échec cuisant pour Léonard qui le conduira à quitter Florence pour aller travailler à Milan. Une expérimentation malheureuse de la technique de la peinture à fresque – comme Léonard de Vinci en menait souvent – a conduit à la détérioration de la fresque et, face à la violence de cet échec, l'artiste fuit sans même se retourner et laisse le chantier inachevé. La partie de fresque peinte par lui s'est dégradée et a finalement été recouverte par les fresques peintes par Giorgio Vasari, visibles aujourd'hui encore dans la salle des Cinq-Cents. Pourtant, malgré cet échec, par cette proposition, il établit un nouveau modèle pour la représentation des scènes de combat, que l'on retrouvera entre autres chez Rubens, notamment dans ses scènes de chasse, qui connaissait bien cette composition puisqu'il en réalise l'une des plus célèbres copies (voir Illustration 18).

Pablo Picasso, *Guernica*

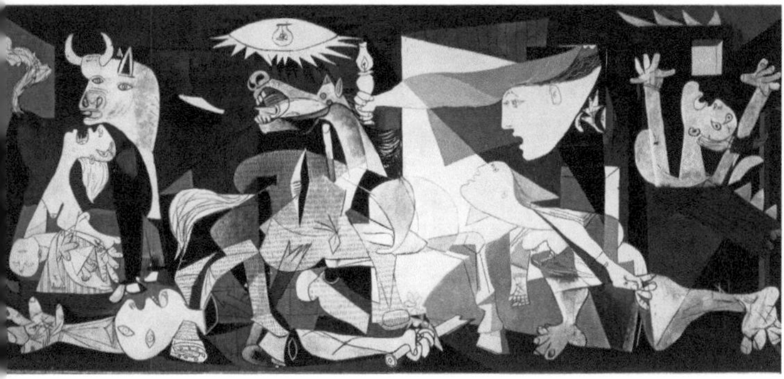

10. Pablo Picasso, *Guernica*, 1937, huile sur toile, 349,3 x 776,6 cm, centre d'art Reina Sofía, Madrid.

Assurément, le titre que donne l'artiste à son tableau fait partie intégrante de l'œuvre : nul n'en doute plus depuis l'essai de Michel Butor[1], les mots jouent un rôle déterminant dans la peinture. *Guernica* à lui seul appelle l'Histoire : le 26 avril 1937, l'aviation nazie cible l'ancienne capitale du royaume basque. En quelques heures, les bombes incendiaires et explosives détruisent entièrement la ville, provoquant la mort de mille cinq cents civils, blessant grièvement deux mille autres. Les photographies de Guernica en flammes font la une des journaux du monde entier. Le gouvernement républicain de Francisco Largo

---

1. Michel Butor, *Les mots dans la peinture*, Paris, Flammarion, 1969.

Caballero passe commande à Picasso d'une œuvre qui interpellerait la communauté internationale en commémorant ce qui est d'emblée reconnu comme un « crime de guerre ». La toile gigantesque – trois mètres cinquante de hauteur sur plus de sept mètres cinquante de longueur – est achevée à temps pour l'exposition universelle qui se tient alors à Paris. Elle devient l'image même de la guerre – ce que, par un effet sonore dû évidemment au hasard, renforce la première syllabe du titre du tableau. Devant l'œuvre de Picasso, je vois et j'entends toute la violence démesurée de la guerre. Dès lors, *Guernica* s'inscrit tout naturellement dans la noble tradition de la peinture d'histoire. Tout y renvoie : le format, le sujet… mais qu'on ignore le titre et le tableau cesse d'être aussi « lisible ». Que voit-on en effet ? Des corps déformés, morcelés. Des bouches et des gueules ouvertes. Il y a un cheval au centre que transperce une lance – la pique d'un picador absent ? Car il s'agit peut-être d'une corrida qui aura « mal tourné ». La scène est en noir et blanc avec un camaïeu de nuances de gris qui accentue cette impression de désolation. Ce choix contribue à la puissance de l'œuvre, il donne de la gravité au sujet, il agrandit la photographie de la violence de l'époque, celle que vit alors l'Espagne déchirée par une guerre civile impitoyable, celle que subit aussi Picasso, depuis la France, dans l'intimité de sa vie privée.

« La peinture n'est pas faite pour décorer les appartements, c'est un instrument de guerre offensif et défensif contre l'ennemi », déclare le peintre. Mais si ce tableau, depuis le pavillon de la République d'Espagne à l'Exposition universelle, désigne l'adversaire franquiste, il n'en conserve pas moins la marque de fabrication de l'atelier de l'artiste, éclairé par cette « ampoule » qui diffuse aussi sa faible lumière au-dessus du cheval à l'agonie. *Guernica* donne aussi à voir la violence à l'œuvre dans la création de l'artiste qui puise autant dans l'Histoire que dans l'art, mais aussi la biographie (le tremblement de terre de Málaga, le suicide de Carlos Casagemas, les trois femmes qui agitent une vie amoureuse complexe).

Il s'agit certes de « faire sensation », de frapper les consciences : la toile cherche à « faire violence », elle ne se contente pas de représenter la violence. Mais ce sont aussi les codes de la représentation artistique qui sont violentés. Picasso en accepte l'héritage (le triptyque, la peinture d'histoire, les nombreuses « citations » qui peuplent l'œuvre : *Le massacre des Innocents*, le *Tres de mayo* – voir Illustrations 2 et 17 –, entre autres), mais pour le bousculer, le fracasser (la tête du guerrier mort au premier plan évoque un buste renversé). Ainsi, tous les cris silencieux qui hurlent à l'intérieur du cadre réagissent moins à la violence des bombes qu'à celle du peintre cubiste qui choisit de torturer les formes : « Toute forme émet son cri quand on la déchire », écrit le romancier américain Norman Mailer à propos de *Guernica*.

On peut ainsi parler de la violence d'une œuvre sans pour autant abuser du langage, Picasso le confirme.

Cette violence est d'autant plus grande que l'urgence est plus perceptible. Car la violence refuse le temps, elle est impatiente, elle réclame des effets dans l'instant. De fait, les moments d'urgence sont des moments qui rendent possible la violence.

Printemps 1937 : l'Espagne, l'Europe, l'Art sont en « état d'urgence » et volent en « éclats ».

Félix Vallotton, *Verdun*

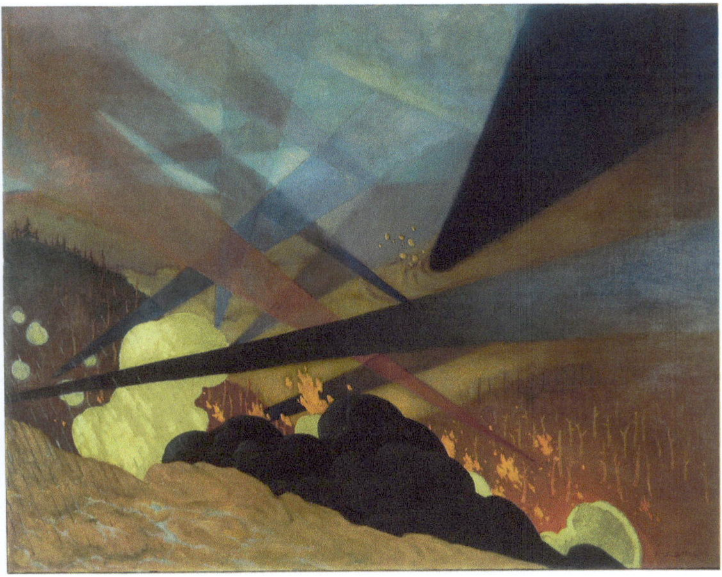

11. Félix Vallotton, *Verdun*, 1917, huile sur toile, 114 x 146 cm, musée de l'Armée, Paris.

« Je ne crois plus aux croquis saignants, à la peinture véridique, aux choses vues », déclare Félix Vallotton à propos de *Verdun*, un tableau dont il faut rappeler le titre complet : *Verdun, tableau de guerre interprété, projections colorées noires, bleues et rouges, terrains dévastés, nuées de gaz*. De fait, Félix Vallotton rompt avec la tradition des « correspondants » de guerre qui, envoyés sur le champ de bataille, « croquent », prélèvent sur le vif des scènes que le crayon, la plume ou le fusain capturent (à l'instar, par exemple, de Constantin Guys pendant la guerre de Crimée), des « choses vues ». C'est que précisément sur le terrain, il n'y a plus rien à voir. Chargé d'une « mission de peintre aux armées » signée du secrétaire d'État aux Beaux-Arts, Albert Dalimier, il ne rapporte du front à Verdun qu'une impression d'apocalypse qu'entretient une atmosphère où se mêlent pluies, gaz, projections d'obus. L'extrême violence de la guerre efface le paysage, fait disparaître les hommes. Où sommes-nous ? Où sont les combattants ? Devant le spectacle de la violence de la guerre – un million d'obus tirés sur un front de 20 kilomètres et des pertes humaines considérables, trois cent soixante mille soldats français, trois cent trente mille soldats allemands, tel est le bilan de trois cent deux jours de combats intenses –, que peut encore représenter le peintre de la guerre moderne ? Vallotton montre des formes géométriques brutes qui entrent en collision, des triangles de lumière, tout cela rayé par des lignes de pluie obliques. « Le peintre cubiste », écrit Suzanne Ferrières-Pestureau, « ne vise pas à représenter la guerre mais à nous présenter la déroute du regard face à la violence de la guerre[1]. »

Félix Vallotton est le premier témoin de ce nouveau type de guerre, la guerre totale que la technique rend désormais possible.

1. Suzanne Ferrières-Pestureau, *La violence à l'œuvre*, Paris, Cerf, 2018.

La violence y atteint un paroxysme dans l'usage massivement destructeur des moyens qu'elle mobilise. D'une certaine manière, s'y dévoile l'essence même de la guerre que Clausewitz définit certes comme un acte de violence, mais un acte au cours duquel « il n'y a pas de limite à la manifestation de cette violence ». Cette violence, en effet, s'y révèle non comme un moyen parmi d'autres d'atteindre la fin mais, comme l'explicite Sartre, « le choix délibéré d'atteindre la fin par n'importe quel moyen ». La violence démesurée de la guerre moderne efface l'homme, elle exprime pourtant une volonté, une décision « humaine, trop humaine » (Nietzsche) : l'homme porte en lui cette puissance de négation de lui-même. La violence de la guerre moderne n'est pas un déferlement déréglé, elle n'est pas désordonnée, impulsive, improvisée. Bien au contraire, elle apparaît de plus en plus préméditée : la dépense folle d'énergie qui s'y manifeste est strictement proportionnée à la tâche qu'elle doit accomplir. Naguère il s'agissait d'y montrer sa bravoure, sa valeur individuelle au combat, c'était le temps des héros auquel succède celui des chevaliers. Puis il s'est agi de chercher à faire plier la volonté adverse pour régler ainsi contentieux et désaccords que ni la politique ni le droit n'étaient parvenus à résoudre. À présent, c'est l'anéantissement de l'ennemi que vise la violence guerrière ou terroriste.

Eugène Delacroix, *Scènes des massacres de Scio*

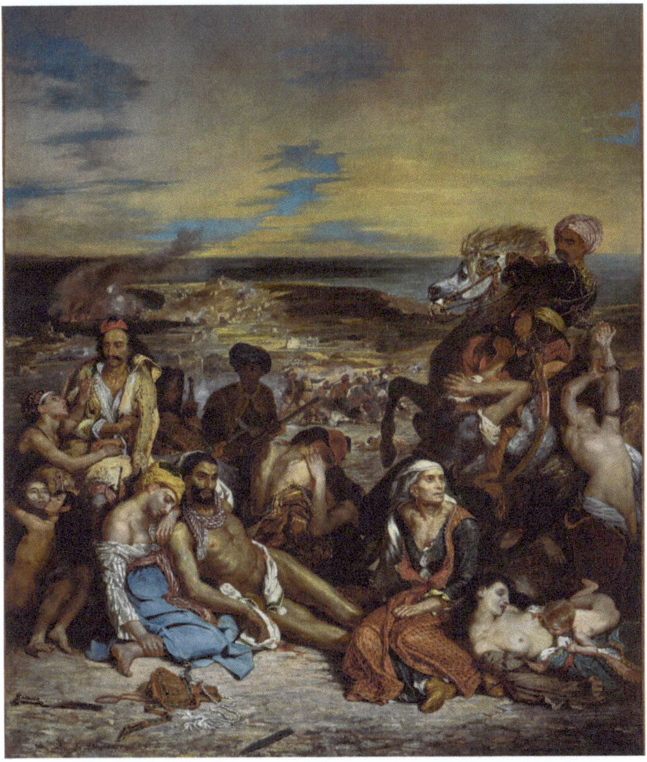

12. Eugène Delacroix, *Scènes des massacres de Scio*, 1824, huile sur toile, 419 x 354 cm, musée du Louvre, Paris.

Le 11 avril 1822, l'armée turque écrase le soulèvement de la population grecque de l'île de Chios. Quarante-cinq mille hommes reçoivent l'ordre de raser l'îlet, d'y tuer tous les hommes de plus de 12 ans, toutes les femmes de plus de 40 ans et les enfants de moins de 2 ans, tous les autres devant être réduits à l'esclavage. Le bilan est terrible : vingt-cinq mille morts et quarante-cinq mille Grecs vendus comme esclaves. Seulement dix mille personnes auraient pu en réchapper.

La violence de la répression devait être spectaculaire, il s'agissait pour l'Empire ottoman de faire un exemple afin d'inhiber toute nouvelle velléité d'indépendance et d'empêcher la guerre de libération de toute la Grèce contre l'occupant turc. La nouvelle du massacre va mobiliser toute l'Europe au secours des Grecs et donner naissance à un puissant mouvement philhellène. Delacroix épouse la cause des insurgés, comme Byron et Hugo, et, dans ce tableau très clairement engagé, propose une des toutes premières dénonciations de ce que nous appelons aujourd'hui les « crimes de guerre ». Il choisit de faire passer littéralement l'action violente à l'arrière-plan pour mettre en avant le destin des victimes.

Une vieille femme, le regard vague, absent, occupe le premier plan. Elle symbolise peut-être la Grèce ancestrale. Autour d'elle se trouvent plusieurs couples de personnages : un enfant sur le cadavre de sa mère, une jeune femme accrochée à un homme, des couples enlacés. Delacroix décide de peindre l'émotion pour susciter l'émotion. Au second plan, à droite, un cheval qui se cabre monté par un officier turc. Celui-ci saisit par la chevelure une femme nue qui se débat. Au loin on distingue des fusillades. D'un côté, ceux qui agissent avec violence et de l'autre ceux qui subissent. C'est ce que le philosophe Yves Michaud nomme « la violence instrumentale déchaînée ». Le peintre préfère conduire notre regard vers les effets de cette ultraviolence criminelle et donner le spectacle de l'anéantissement des civils innocents, plutôt que de montrer les manifestations de la barbarie des soldats turcs. Il choisit le cadre d'un paysage désolé sous un ciel chargé de nuages et lourd de la fumée des maisons incendiées pour suggérer ce qu'il ressent comme un « choc des civilisations ».

Otto Dix, *Les joueurs de skat* ou *Invalides de guerre jouant aux cartes*

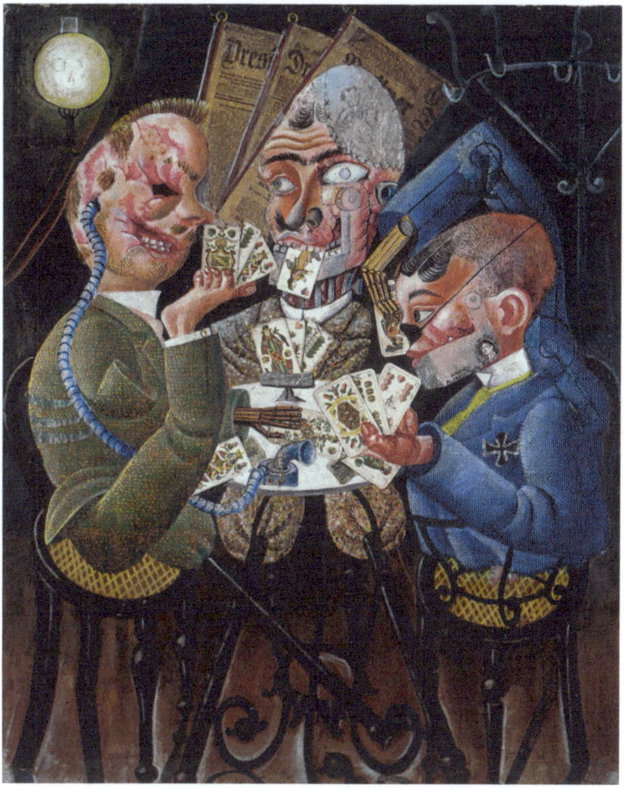

13. Otto Dix, *Les joueurs de skat*, 1920, huile et collage sur toile, 110 x 87 cm, Nationalgalerie, Staatliche Museen zu Berlin, Berlin.

« Le mal est fait » ou encore « Les jeux sont faits », c'est ainsi que l'on pourrait sous-titrer ce tableau d'Otto Dix, réalisé en 1920 et qui représente trois vétérans de 14-18, jouant au skat, un jeu de cartes très populaire en Allemagne. Le tableau est, à l'instar des personnages, composite, il s'agit à la fois d'une huile et d'un collage.

C'est une scène familière : trois « camarades » se retrouvent au café pour une partie de cartes. Mais, si le cadre est familier, les trois joueurs sont eux très singuliers : à gauche se trouve un personnage au visage brûlé, il tient ses cartes avec le pied qu'il lui reste, sa jambe gauche est remplacée par un bâton. La manche droite de sa vareuse est vide et de la manche gauche sort une main mécanique. Le joueur de droite est un cul-de-jatte, sa mâchoire inférieure est faite d'une prothèse constituée par un fragment de paquet de cigarettes, ses mains sont artificielles, mais il porte fièrement sur la poitrine une croix germanique. Quant au troisième personnage au centre auquel manque une partie de la peau du crâne, on aperçoit deux moignons au lieu des jambes et il tient ses cartes dans la bouche.

Ces invalides de la guerre de 1914-1918 sont des monstres. Leurs corps ont subi des amputations terribles et des prothèses plus ou moins improvisées tentent plutôt mal que bien de combler les manques. Ces êtres sont à l'image de l'Allemagne vaincue, diminués, mutilés, définitivement blessés. Coupés des autres hommes par un éventail de journaux au second plan qui fonctionne comme un paravent – le *Dresdner Anzeiger*, le *Dresdner*

Neueste Nachrichten et le *Berliner Tageblatt* inscrivent le tableau dans l'actualité de la guerre –, ils vivent à part, séparés des autres hommes par l'expérience des violences de la guerre et de la proximité de la mort dont ils portent les stigmates.

Car c'est bien la mort qui éclaire cette scène effrayante : à l'intérieur de la lampe, on discerne en effet une tête de mort. Les joueurs sont ainsi « éclairés » par la mort. L'irréparable a été commis, le « mal est fait », les « jeux sont faits » pour ces trois rescapés, les cartes qu'ils tiennent en main, au propre comme au figuré, sont truquées (on repère deux rois de cœur, sur le genou et sur le pied du joueur de gauche). Que peuvent encore attendre en effet ces vétérans, hideuses créatures que d'effrayantes mutilations ont transformées en robots, en pantins mécaniques ? Ne leur reste que la vaine illusion d'un héroïsme que leur apparence rend pathétique et dérisoire : « J'ai avant tout représenté les suites terrifiantes de la guerre. Je crois que personne d'autre n'a vu comme moi la réalité de cette guerre, les déchirements, les blessures, la douleur[1]. »

Otto Dix exhibe des corps mutilés pour dire la violence spécifique de la Première Guerre mondiale, une violence que le philosophe Paul Ricœur définit comme « la destruction

1. Entretiens réalisés par Fritz Löffler et publiés dans *Die Krieg und die Folgen*, Munich, Hirmer, 2014.

par quelqu'un d'autre de la capacité d'agir d'un sujet ». Les trois joueurs de skat, de fait, sont devenus impotents, à l'instar d'une république de Weimar vouée à payer son tribut aux vainqueurs.

À l'évidence, le peintre en fait *trop* (on est graphiquement dans la caricature), mais il est *très* lucide quant à la réalité de « l'après-guerre » qu'il s'agit pour lui de dévoiler, non sans violenter les conventions et les honneurs habituellement rendus aux survivants, aux grands blessés. La violence du trait et de l'intention est bien réelle, le régime nazi ne s'y trompe pas et disqualifie Dix, peintre à ses yeux « dégénéré ».

Un autre regard
Francisco de Goya, chroniqueur dans *Les désastres de la guerre*

L'art peut-il servir à dénoncer la violence humaine ? Était-ce d'ailleurs là l'objectif de Francisco de Goya lorsqu'il entreprit la réalisation des *Désastres de guerre*, une série de quatre-vingt-deux eaux-fortes réalisées entre 1810 et 1820. Véritable théâtre de la cruauté humaine, cette série de gravures déploie toute l'iconographie de l'horreur de la guerre et la renouvelle même de façon radicale. Goya y « documente » la guerre d'indépendance des Espagnols contre les Français, qui s'est déroulée de 1808 à 1814, un véritable traumatisme pour le peuple espagnol, ainsi que la famine de 1811-1812, conséquence de cette guerre, que Goya s'acharnera à reporter fidèlement. Les planches racontent successivement, en trois parties, les violences de la guerre (tels que le viol et les pillages), puis les conséquences de la guerre sur la population (notament la famine), et enfin les aspects politiques du retour de Ferdinand VII au pouvoir.

Tout a été fait dans le secret de l'atelier de l'artiste et il n'est pas certain que Goya ait pensé les faire éditer un jour, expliquant peut-être la radicalité du projet.

Car cette série marque un tournant dans l'histoire de l'art. Si, aujourd'hui, il semble comme une évidence que documenter une guerre ne peut se faire en passant sous silence les conséquences de celle-ci sur les populations de civils, premières victimes des choix politiques, selon Laurence Bertrand Dorléac, une rupture s'opère au XIXe siècle. Selon l'historienne de l'art, avant Goya et Géricault, la guerre est représentée comme quelque chose d'héroïque ; elle est glorifiée, magnifiée, par l'héroïsation de ses vainqueurs. La valeur des hommes d'ailleurs, depuis l'Antiquité, était évaluée à leurs qualités guerrières. La guerre était représentée à travers ses grands épisodes, ses batailles victorieuses ; on montrait les soldats, les généraux et les monarques en gloire ainsi que les vaincus présentés en trophées, mais la réalité de la guerre, de son incidence sur la vie des populations, sur ce qu'elle fait à la société, ne faisait pas partie de ses représentations. On n'accordait que peu de considération à la description des dégâts causés par la guerre.

Le point de rupture se joue peut-être avec les guerres napoléoniennes qui ont tant abîmé l'Europe. La nouvelle guerre de masse va confronter tous les civils, de tous horizons, aux pires exactions. Or c'est ce à quoi va s'atteler Goya, qui use de sa capacité à « figurer » pour devenir un véritable chroniqueur de guerre et dénoncer ses conséquences dévastatrices. Cette nouvelle approche dans la représentation de la guerre ouvre la voie à ce que fera plus tard un artiste comme Otto Dix, qui consignera les atrocités de la Première Guerre mondiale, également dans une série d'eaux-fortes intitulée *La Guerre* et réalisée en 1924, ou, plus tard encore, Picasso avec *Guernica* (voir Illustration 10), pour prendre l'exemple le plus célèbre. L'artiste exorcise un traumatisme collectif, se faisant le porte-voix de milliers de victimes et dégageant par la monstration qui devient dénonciation un message pacifiste.

Goya veut *montrer*. Le titre de la planche 26 (voir Illustration 14) énonce cette volonté : *No se puede mirar* (« On ne peut pas voir »), alors même que Goya nous montre. Il insiste sur ce paradoxe comme pour dénoncer le caractère insoutenable de ces scènes. Il donne à voir la population souffrante, meurtrie, agonisante. L'artiste devient presque un grand reporter de guerre, un chroniqueur illustrant les moindres aspects de la violence humaine sans chercher à enjoliver ou glorifier les belligérants. Le contraste fort qu'offre la technique de l'eau-forte, qui cisaille littéralement la matière, vient servir sa conception tragique de l'histoire.

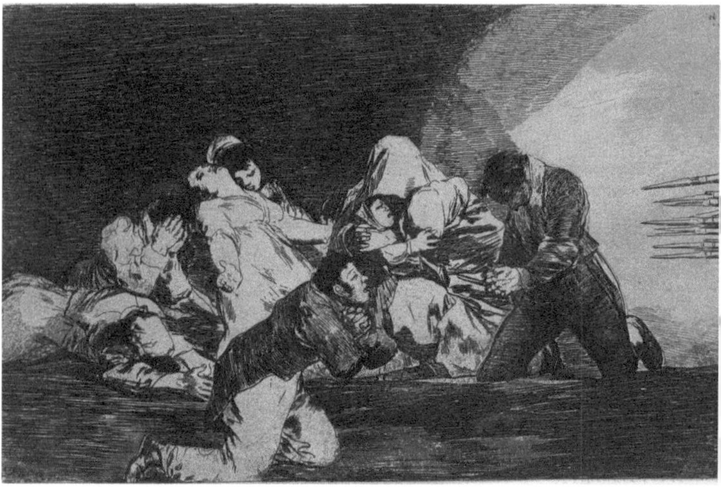

14. Francisco de Goya, *No se puede mirar/Les désastres de la guerre*, 1863, gravure, Courtesy National Gallery of Art, Washington.

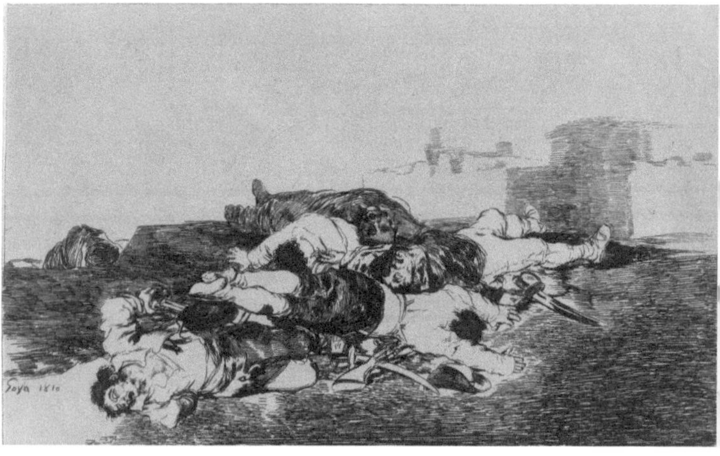

15. Francisco de Goya, *Tanto y más/Les désastres de la guerre*, 1863, gravure, Rijkmuseum, Amsterdam.

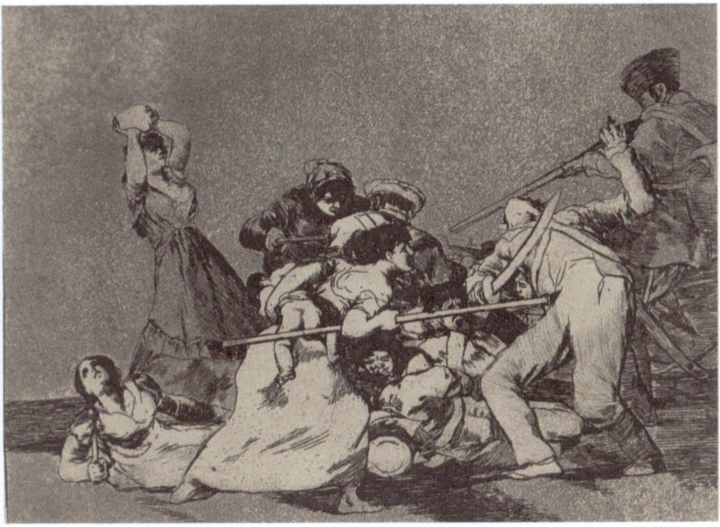

16. Francisco de Goya, *Y son fieras/Les désastres de la guerre*, 1863, gravure, Rijkmuseum, Amsterdam.

Partie III
La violence perpétrée

Francisco de Goya, *Tres de mayo* et Édouard Manet, *L'exécution de Maximilien*

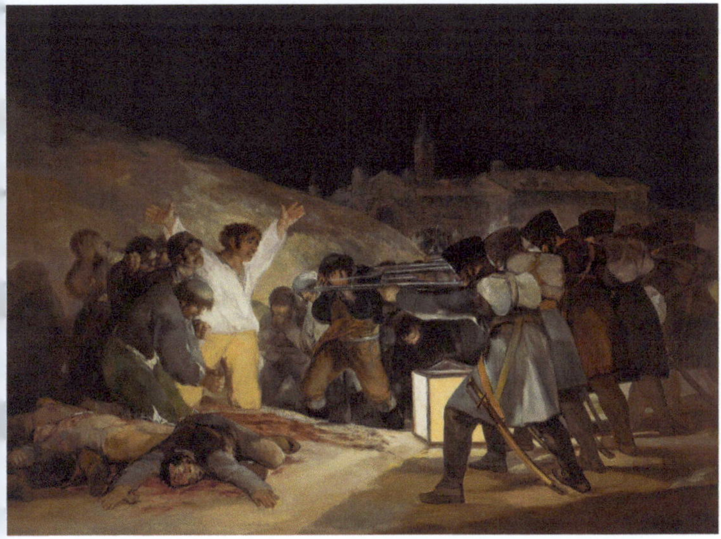

17. Francisco de Goya, *Tres de mayo*, 1814, huile sur toile, 268 x 347 cm, musée du Prado, Madrid.

Dans la nuit du 3 mai 1808 furent assassinées, dans les rues de Madrid par les troupes de Murat en répression au soulèvement de la veille, plus de quatre cents personnes. Francisco de Goya, quelques années plus tard, réalise un tableau de grande dimension pour inscrire dans la mémoire collective ces exécutions de masse, de nuit, sans aucune forme de procès, la violence aveugle de l'armée d'occupation s'abat sur la capitale espagnole.

Le peintre choisit de mettre en lumière les victimes face à leurs bourreaux et particulièrement cet homme à la chemise blanche, qui crie les bras en croix (une blessure à la main évoque les stigmates du Christ). À ses pieds un cadavre, derrière et tout autour de lui, dans une semi-pénombre, la foule de ceux à qui l'on s'apprête à faire subir le même sort. Un se cache le visage, un autre porte les mains à la bouche, un autre encore semble ployer sous la charge de son destin tragique. On devine un long cortège qui s'étend jusqu'aux portes de la ville : violence moderne d'un massacre de masse dont les victimes sont des anonymes.

Face à eux, ne formant qu'un seul corps monstrueux, fait de shakos, de baïonnettes, de havresacs et de capotes grises, les soldats du peloton d'exécution. Ils n'ont pas de visage, ils sont l'instance du pouvoir de l'État, le moyen de la violence légale, l'oppression en exercice, la manifestation de la formule de Charles Wright Mills : « Le pouvoir sous sa forme ultime, c'est la violence[1] ». La représentation de cette scène très expressive, dramatique et puissante inspirera de nombreux artistes, soit pour s'y référer directement sous la forme de citations (*Guernica* par exemple, voir Illustration 10), soit pour en proposer une

1. Charles Wright Mills, *L'élite au pouvoir*, Marseille, Agone, 2012 [1956].

variation : par exemple dans le tableau de Manet, *L'exécution de Maximilien*. Il ne s'agit plus désormais de victimes anonymes mais d'un souverain, Maximilien de Habsbourg, éphémère empereur du Mexique, fusillé par les républicains en 1867 après avoir été « lâché » par Napoléon III qui l'avait installé sur le trône. Dans une dernière version du tableau, Manet fait endosser au peloton d'exécution des uniformes de l'armée française et donne au sergent au képi rouge les traits de Napoléon III. Les soldats semblent impassibles, indifférents aux condamnés, l'un d'entre eux recharge son fusil. Tout le pathétique du tableau de Goya a été évacué. Rien de personnel. Rien de passionnel. La violence froide de la raison d'État et de la politique remplace les débordements déréglés. Alors en quoi cette exécution « fait-elle violence » ? Rappelons que la violence n'est pas nécessairement désordonnée mais qu'elle suscite en revanche toujours une forme de désordre, qu'elle accomplit une transgression, qu'elle fait « effraction ». Ici et là, sous le pinceau de Goya comme celui de Manet, violence est faite à la Justice. Répression « pour l'exemple », assassinat à valeur de symbole, ce sont toujours des innocents qui sont les victimes des calculs et des stratégies politiques qu'accomplit l'appareil d'État.

Pierre Paul Rubens, *La chasse au tigre* et Gustave Courbet, *L'hallali du cerf*

« La chasse endurcit le cœur aussi bien que le corps, elle habitue au sang, à la cruauté », écrit Rousseau dans *Émile* (1762). Car elle est un exercice violent qui prépare à la guerre. Entre la guerre et la chasse, les affinités sont grandes. En effet, la seconde est supposée entretenir les dispositions pour la première et, partant, se révèle être une pratique aristocratique. Qu'un artiste s'inspire d'une œuvre qui célèbre la guerre pour peindre une scène de chasse, cela n'a donc rien d'étonnant. Puisque la chasse est la continuation de la guerre en temps de paix, *La chasse au tigre* de Rubens prolonge la *Bataille d'Anghiari* (voir Illustration 9), fresque réalisée par Léonard de Vinci pour le Palazzo Vecchio de Florence, aujourd'hui perdue, dont il réalisa une célèbre copie. De fait, le motif du combat, tout comme celui de l'entremêlement des corps, revient souvent chez Rubens, expliquant l'importance du groupe de la *Bataille d'Anghiari* dans ses recherches formelles. Jean-Pierre Mariette, historien de l'art, dira notamment que « si jamais Rubens a fait connaître l'étendue et la vivacité de son génie, c'est assurément dans les tableaux de chasse qui sont sortis de ses mains », comme cette *Chasse au tigre* appartenant à une série de quatre tableaux commandés par Maximilien de Bavière.

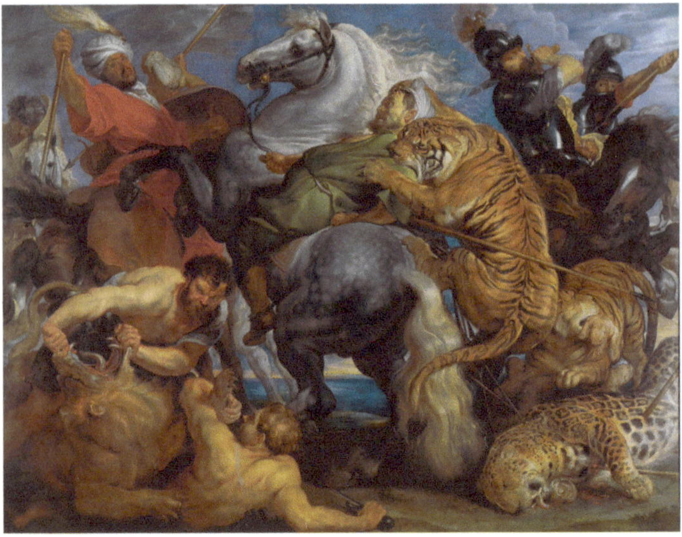

18. Pierre Paul Rubens, *La chasse au tigre*, 1615-1617, huile sur toile, 256,2 x 324,5 cm, musée des Beaux-Arts, Rennes.

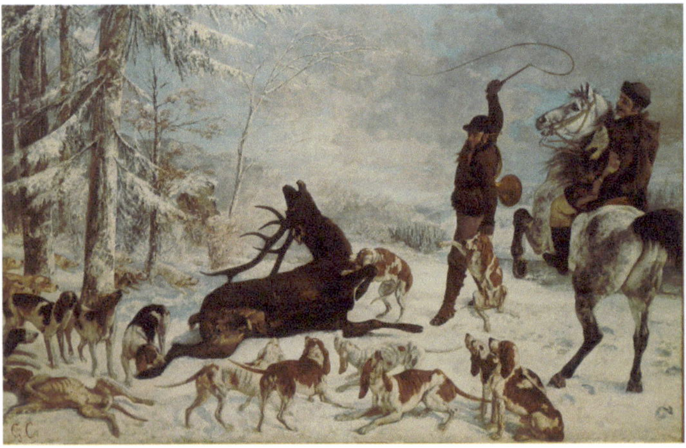

19. Gustave Courbet, *L'hallali du cerf*, 1867, huile sur toile, 355 x 505 cm, dépôt au musée des Beaux-Arts, Besançon.

Voici donc une chasse hétéroclite : les hommes et les bêtes appartiennent à des mondes distincts. Ils ne forment pourtant qu'une seule mêlée. Des cavaliers en armures, d'autres qui sont vêtus à l'orientale, des hommes dénudés, au corps à corps avec des fauves, deux tigres, un lion, un léopard et des chevaux (blancs et noirs) semblent s'enrouler dans un même mouvement, pris dans un même tourbillon de violence. Mais faut-il vraiment céder à la confusion qui paraît sauter à nos yeux ? Hommes et bêtes agissent-ils de concert ? Dira-t-on ainsi que les fauves sont violents ? Un animal peut-il être violent ? On préférera sans doute l'adjectif « agressif ». De fait, il convient de distinguer l'agressivité et la violence, comme la prédation et la guerre. Freud, dans *Malaise dans la civilisation* (1930), n'omet pas de rappeler ainsi que l'agressivité « constitue une disposition instinctive primitive de l'être humain ». C'est dire, en parlant d'instinct, que l'agressivité est naturelle (alors que la violence est culturelle). Pour être violent, il faut en avoir la volonté et la conscience. Pour être agressif, il suffit de « vouloir vivre » (*agredior* en latin signifie « avancer »).

Quant à ce personnage au tout premier plan, à moitié nu, et qui évoque Samson terrassant le lion ou encore Hercule, il incarne une forme d'énergie du troisième type. Il n'est ni violent ni agressif, il est tout simplement fort. Ses dispositions ne relèvent en effet ni ne la nature ni de la culture, mais, dans l'exemple de Samson comme dans celui d'Hercule, du surnaturel ! Enfin, comme pour augmenter la tension sur le spectateur, l'issue de cette chasse semble tout à fait incertaine. Au centre de l'image, l'un des cavaliers est attaqué par un tigre qui lui mord l'épaule. Alors qui chasse qui ? Cette inversion, faisant du chasseur une proie pour l'animal chassé, questionne la part de violence, d'animalité des uns des autres.

Il faut donc noter que la violence animale ne disparaît pas totalement des scènes de chasse. On ira la chercher aussi du côté du chenil. Les chiens que les hommes ont dressés entrent ainsi dans le cadre d'une culture, un « art », une « technique » qu'on appelle la vénerie. *L'hallali du cerf* de Courbet représente ainsi un cerf assailli par une meute, dans un paysage hivernal et tragique. Le titre à lui seul explique la violence que l'image fait sentir : « hallali » est formé à partir d'un mot de l'ancien français, « haler », qui désigne le fait « d'exciter les chiens par des cris pour les lancer sur la proie » (*Littré*). Le mot explicite l'action des hommes qui poussent les chiens à la violence (ainsi que d'autres animaux sont « dressés » pour combattre). Le lexique de la vénerie constitue un fonds assez riche pour dire par métaphore ou non la violence de la traque : « être aux abois », « ameuter », « la curée ».

Courbet était un chasseur. Il met ici son expérience au profit de la représentation d'une scène de chasse et la démesure de la toile contribue à l'effet produit sur le spectateur. En effet, ce tableau dérange, depuis sa première exposition, et c'est avant tout la question du format qui est sujet à l'incompréhension. Théophile Gautier écrit à propos du tableau : « Il ressemble à une tapisserie à moitié déteinte ; et ses dimensions sont colossales pour un sujet aussi mince[1]. » Car ce type de format – il faut rappeler ici que le tableau mesure 3,50 x 5,05 mètres – était généralement dédié à la peinture d'histoire « avec un grand H ». Utiliser ces dimensions pour ce qui n'est, a priori, qu'une scène de genre n'est pas considéré comme approprié. Or ce décalage, qui stupéfie autant qu'il interroge, est bien sûr volontaire de la part de Courbet et contribue à augmenter l'impact de la scène. Au-delà même de la violence de l'agonie du cerf, qui rejette sa tête en arrière en s'effondrant et qu'un chien vient littéralement prendre à la gorge, dont le corps se détache par contraste sur une neige d'une blancheur diaphane, les dimensions contribuent à hisser la représentation au rang de l'Histoire, donnant une place inédite à cette scène de mise à mort.

1. Journal Officiel, 16 juin 1869.

Un autre regard
Le cannibalisme à l'épreuve de l'image

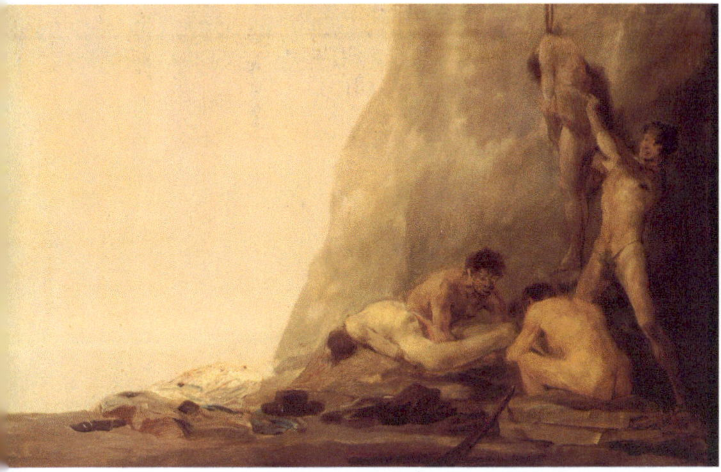

20. Francisco de Goya, *Cannibales dépeçant leurs victimes*, 1800-1808, huile sur bois, 32,8 x 46,9 cm, musée des Beaux-Arts, Besançon.

« L'imagination des poètes et des peintres n'a jamais produit de cauchemar plus horrible[1] », disait Théophile Gautier à propos de l'œuvre de Goya. Et quel meilleur exemple que deux petites huiles sur bois – *Cannibales dépeçant leurs victimes* et *Les Cannibales* (musée des Beaux-Arts de Besançon) –, certainement des peintures de cabinet à la destination très privée, dont les modestes dimensions seraient propices à ce que le visiteur passe sans les

1. Théophile Gautier, *Voyage en Espagne*, Paris, Gallimard, 1981.

remarquer ; pourtant, si l'attention du visiteur s'y arrêtait, alors le sujet lui glacerait le sang, d'autant que la très petite taille de ces panneaux, obligeant le spectateur à s'approcher de très près, augmente encore l'effroi et l'effet de violence de l'image.

Ce qui se joue dans ce diptyque a été diversement interprété. D'abord considérée comme l'illustration de l'histoire (vraie) de deux missionnaires canadiens jésuites dévorés par des Iroquois, la scène a ensuite été plus largement renommée, identifiant les figures à des « sauvages », des « primitifs » ou des « cannibales ». Les termes de « primitifs » et de « sauvages » désignant une figure éloignée et étrangère à la civilisation occidentale judéo-chrétienne, la dénomination du cannibalisme est, depuis le XVIe siècle, associée aux dits « sauvages » et à la découverte, par les grands voyageurs européens depuis Christophe Colomb, des populations autochtones du Nouveau Monde.

Par le traitement si singulier de la scène, il est difficile de savoir si Goya a voulu représenter un fait historique, le thème du « sauvage » de manière générique, ou bien, de manière plus empirique encore, la cruelle nature humaine. La palette de couleurs restreinte travaillant les clairs-obscurs sert l'effet dramatique et radical de l'ensemble, et le minimalisme de la scène concentre l'attention sur l'unique objet de la représentation : les corps en train d'être dépecés.

Tout comme le fratricide pour le mythe d'Abel et Caïn, le cannibalisme constitue l'un des tabous ultimes de nos sociétés occidentales. La violence d'un homme mangeant son semblable pourrait paraître indépassable. Mais sa représentation l'est peut-être davantage. Car ce qui relève encore d'une image mentale et du fantasme d'une figure de l'altérité avec laquelle on « se fait peur » dans un imaginaire fabriqué par les récits et légendes, se voit figuré, fixé dans des représentations.

C'est dès l'époque coloniale, avec les premières découvertes et conquêtes dans le Nouveau Monde, que le discours ainsi que l'iconographie sur le cannibalisme se mettent en place pour des raisons essentiellement politiques et idéologiques, comme l'a admirablement démontré Frank Lestringant[1]. Tout au long du XVIe siècle, les récits de voyages des navigateurs et explorateurs s'accompagnent de l'illustration de ce qui est alors présenté comme la preuve de la « barbarie » de l'Autre : le rituel anthropophage. Sous couvert d'une description qui se présentait comme anthropologique, on figurait alors dans les estampes qui accompagnaient ces récits les étapes du cannibalisme que sont le morcellement, la cuisson (ou pas) et la dévoration. La perception et la description de l'Autre s'inscrivaient alors dans

1. Frank Lestringant, *Le cannibale; grandeur et décadence*, Paris, Perrin, 1994.

une radicalité de la violence, utilisant l'ultime transgression de l'anthropophagie pour stigmatiser cette figure de l'altérité qu'était l'Amérindien, et ce dans un but idéologique puisqu'il s'agissait avant tout de justifier la colonisation et l'évangélisation[1].

Il est difficile de dire si les deux mystérieux panneaux de Goya s'inscrivent dans cette filiation. Si l'on peut considérer qu'avant Goya, l'image du cannibalisme avait plutôt pour fonction l'affirmation du pouvoir politique servie par la violence de l'image, il est probable que l'artiste ait été ici inspiré par une réflexion plus large sur la nature humaine et qu'il explore une voie nouvelle qui ne serait ni anthropologique, ni mythologique, ni politique pour représenter cette figure du cannibale.

Cependant, ces panneaux ne sont pas les seules figures de cannibales dans l'œuvre du peintre espagnol ; il fit aussi un *Saturne dévorant un de ses fils*, tableau cauchemardesque et d'une férocité monstrueuse qui témoigne de la fascination de la part de Goya pour cette figure du « dévorant » (musée du Prado, Madrid).

Trois types d'images mettent donc en scène des cannibales : les images coloniales que nous

---

1. Sur ces questions et sur le « bon » et le « mauvais cannibale », voir Anne-Catherine Lafaille, « Une altérité radicale : rencontre avec le Cannibale du nouveau monde », *Ethnologies*, vol. 18, n° 2, p. 129-155.

venons d'évoquer, la caricature et la peinture mythologique. Dans le registre des images coloniales, ce sont essentiellement les illustrations de récits de voyageurs, des gravures, qui diffusent l'image du cannibale. Dans le champ du mythologique, avant Goya, Rubens avait déjà proposé une image d'une cruauté absolue de *Saturne dévorant son fils* (également conservé au musée du Prado, Madrid).

Ce mythe de Saturne dévoreur aborde en réalité un double tabou, deux expressions ultimes de la violence dont l'homme est capable contre lui-même : le cannibalisme mais également l'infanticide, un infanticide destiné à la préservation du pouvoir puisqu'il s'agit pour Chronos/Saturne d'éviter la réalisation d'une prophétie annonçant qu'il serait détrôné par sa descendance en la dévorant. Ce mythe est donc un exemple de la violence présente de manière diffuse dans la théogonie païenne instillant l'horreur et la brutalité dans les luttes de pouvoir, comme une mise en garde aux contemporains.

Sans surprise, ces deux tableaux sur le Saturne dévorant, qu'il s'agisse de celui de Rubens ou de Goya, furent destinés à n'être vus de personne. En effet, le tableau de Rubens fut commandé en 1636 par le roi d'Espagne, Philippe IV, qui le disposa avec d'autres sujets mythologiques tirés des *Métamorphoses* d'Ovide dans la tour de la Parada, site inaccessible aux visiteurs et visible du roi seul.

Le tableau sur le même sujet peint par Goya restera dans sa maison, invisible au public, jusqu'à la fin de sa vie.

Ces images sont difficilement soutenables ; elles suscitent une gêne, souvent une réaction manifeste à laquelle on ne peut se soustraire, et amènent le spectateur à questionner sa possible déviance qui expliquerait sa fascination devant le spectacle qu'il observe. Faut-il continuer à regarder ou détourner le regard ? Se pose aussi la question des motivations du commanditaire pour un tel objet. Si le cannibalisme au cinéma est pensé pour faire ressentir des émotions de peur et d'effroi que le spectateur recherche en allant voir un film d'horreur, sa représentation en peinture constitue une esthétisation d'une violence ultime qui place le spectateur dans une position ambivalente. La question de la réception des images n'est donc pas négligeable et doit être prise en compte pour saisir leur place. Elles ont bien sûr fasciné tout autant qu'elles ont pu horrifier, mais elles ont indéniablement contribué à fabriquer le mythe du peintre Goya comme artiste du macabre et du morbide.

Partie IV
L'érotisation de la violence

Giambologna, *L'enlèvement des Sabines* et Le Bernin, *L'enlèvement de Proserpine*

« Faire violence », ce n'est pas violenter, ce n'est pas violer. Se faire violence, c'est se forcer. Faire violence à quelqu'un, c'est imposer une volonté à une autre volonté, c'est passer outre le consentement. Cette violence délibérée prétend à un bien ultérieur, un bien à venir. Faire violence au sens de « forcer », c'est user de la force au sens propre : la force est une énergie féconde, fondatrice, alors qu'au sens strict, la pure violence se ramène à une dénaturation. Ce qui est violent n'est pas naturel, n'est pas conforme à la nature – c'est d'ailleurs pourquoi on parle de mort violente en distinguant cette dernière de la mort naturelle. L'épisode légendaire de l'enlèvement des Sabines que rapporte Tite-Live est ainsi un « coup de force » ; Romulus et ses compagnons imposent leur volonté et « font violence » aux Sabins en « ravissant » une centaine de Sabines. Et l'historien latin de prendre soin de préciser que cet enlèvement n'est suivi d'aucun abus sexuel notamment. Il fait parler Romulus et fait dire à chacune des Sabines captives « que cette violence ne doit être imputée qu'à l'orgueil de leurs pères et à leur refus de s'allier par des mariages à un peuple voisin, qu'elles vivront honorablement en partageant les biens et les droits de leurs époux et qu'elles seront les mères d'hommes libres[1] ». L'enlèvement des Sabines devient la condition du développement et de la puissance de Rome.

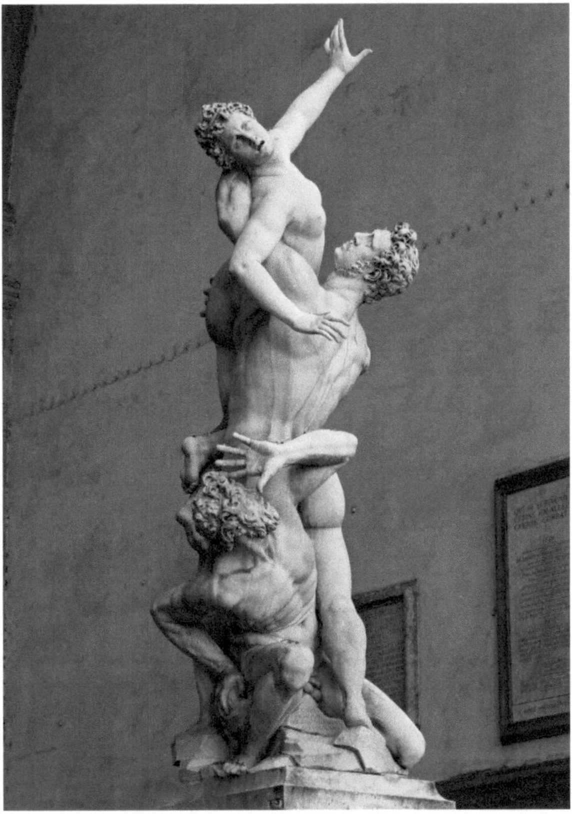

21. Jean de Bologne (Giambologna), *L'enlèvement des Sabines*, 1579-1583, marbre, 240 cm, Loggia des Lanzi, place de la Seigneurie, Florence.

1. Tite-Live, *Histoire romaine*, livre I.

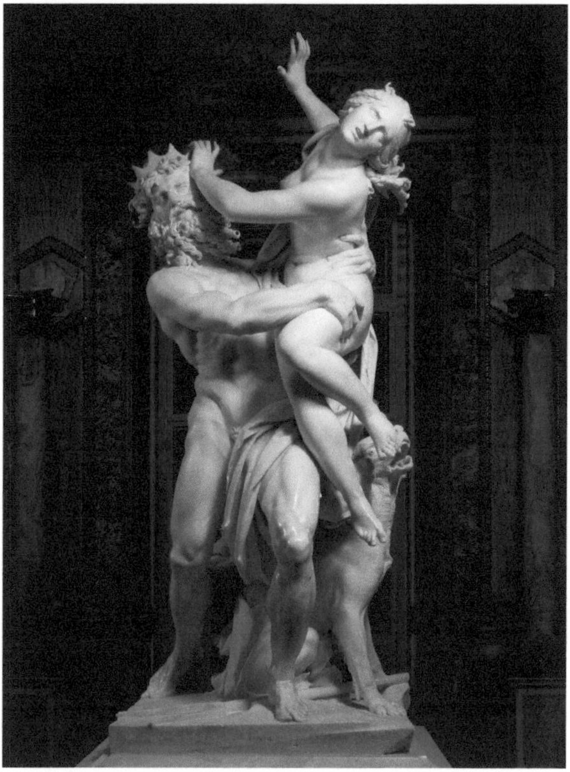

22. Le Bernin, *L'enlèvement de Proserpine*, 1621-1622, marbre, 255 cm, galerie Borghèse, Rome.

On pense alors à Giambologna à Florence, piazza della Signoria, qui réalise avec *L'enlèvement des Sabines* – sculpture reproduite en cire par Urs Fischer et que l'on a pu voir se consumer à la Bourse de Commerce, fondation Pinault – la performance de ciseler trois personnages dans un seul et même bloc de marbre. Le ravisseur, celui qui cherche à l'empêcher et la jeune femme « ravie » font « corps ». Le principe même de l'œuvre repose sur une intime solidarité entre les trois.

L'enlèvement de Proserpine du Bernin raconte aussi l'histoire d'un enlèvement fondateur : l'épisode mythique de la naissance des saisons. Hadès (Pluton) le dieu des Enfers enlève à Déméter (Cérès) et à Zeus (Jupiter) leur fille, Perséphone (Proserpine) : « Et il l'enleva de force et la porta pleurante sur son char d'or », écrit Homère. La pression de la main sur le corps de la jeune femme, la larme qu'on distingue sur sa joue témoignent certes du talent extraordinaire du sculpteur mais aussi de l'émoi, de la vigueur de l'enlèvement. Il y a là une impression unique de dynamisme et de légèreté, le génie de l'artiste abolit la pesanteur du marbre et donne à l'ensemble une grâce inattendue : il faut désamorcer le tragique. Proserpine, transportée par Pluton, paraît s'élever vers le ciel et non descendre dans le monde des Enfers. La détresse de Cérès pousse Pluton à un compromis : Proserpine restera six mois avec sa mère, sur l'Olympe, et six mois avec son mari. Quand elle retrouve sa mère, la terre devient fertile et nourrit les hommes. Mais quand elle retourne régner sur les morts, le chagrin de Déméter rend la terre stérile et froide.

Ces rapts sont suivis d'un consentement, d'un accord explicite. Ils illustrent une dynamique telle que celle-ci fait oublier la violence de l'effraction qu'elle transmute en « coup de force ». Le mouvement de la dialectique rendant le mal nécessaire.

Le point commun à ces deux groupes sculptés réside dans cette dynamique de l'enlèvement associée à l'érotisation par le traitement plastique, d'un mouvement pourtant violent et contraint. Dans les deux œuvres, on peut ainsi lire certains « marqueurs visuels » de cette violence à laquelle est soumise la figure féminine et à laquelle elle tente de résister : les bras levés, tentant un geste d'éloignement, un geste que l'on retrouve fréquemment en peinture pour signifier la surprise mais également une violence à laquelle on tente de se soustraire (on peut penser aux représentations du thème de Tarquin et Lucrèce, nombreuses dans la peinture de la Renaissance). Également, la bouche entrouverte de Proserpine, le renversement de la tête, les corps en arc partant dans des directions opposées, un ensemble d'éléments que l'on trouve déjà chez Giambologna et qui témoignent non seulement de l'influence du premier sur le second, mais également de l'analogie thématique, même si l'épisode choisi n'est pas le même. Aussi, le contraste entre le corps musculeux et ancré au sol de Pluton face à ce qui semble être une extrême, presque impossible, légèreté du corps de Proserpine, créant ce mouvement ascensionnel et en spirale (la figure serpentine) si caractéristique du maniérisme de Giambologna et que Le Bernin réinterprète.

Le Bernin insiste quant à lui sur les contradictions : en parvenant à créer l'illusion d'une souplesse des chairs par les doigts du dieu qui s'enfoncent dans la cuisse et le ventre de Proserpine, il fait oublier la dureté du marbre. En attribuant une légèreté par la position presque acrobatique du corps de la jeune femme et par la facilité avec laquelle Pluton semble la soulever, il fait oublier la violence du rapt.

Il est enfin important de relever que le groupe aujourd'hui appelé *Enlèvement des Sabines*, n'a pas été conçu comme tel par l'artiste. Le sculpteur n'avait, semble-t-il, pas de sujet précis en tête lorsqu'il le réalise. Peu importe que la jeune femme soit Proserpine, une Sabine, ou une autre, l'artiste a représenté de manière empirique un « enlèvement », une approche « maniériste » dans laquelle la réflexion sur la forme prime sur le sujet représenté. Ce n'est donc qu'à travers le mouvement et la gestuelle que l'association avec le sujet de *L'enlèvement des Sabines* fut faite, a posteriori, puis réinterprétée dans le groupe de *L'enlèvement de Proserpine* par Le Bernin. La lisibilité de la violence décrite à travers la forme et les gestes est ainsi nécessaire à la réception et à la compréhension de l'œuvre et permet d'identifier, dans les deux cas, le rapt comme le sujet principal du groupe.

Jean-Honoré Fragonard, *Le verrou* et Théodore Géricault, *Satyre et nymphe*

Violence du désir ou force des passions ? Difficile de discerner l'une de l'autre si l'on cherche à déchiffrer le langage corporel de cette femme et de cet homme qu'éclaire un faisceau de lumière. Jean-Honoré Fragonard met en scène, en signe et en sens l'étreinte la plus célèbre et sans doute la plus « commentée » de l'histoire de la peinture galante. Tout paraît en effet ici très théâtral : les lumières et le clair-obscur qu'elles réalisent, l'espace fermé d'une scène d'où le verrou empêche de s'échapper, les rideaux du lit qui tombent lourdement comme ceux d'un théâtre, le décor et les accessoires éparpillés sous nos yeux que nous ne distinguons plus mais qui sont autant de signes qu'il nous faut interpréter. La théâtralité d'un discours ou bien d'un spectacle se mesure en effet à « l'épaisseur » des signes qu'on y lit, explique Roland Barthes[1].

---

1. Roland Barthes, *Littérature et signification*, Paris, Seuil, 1967.

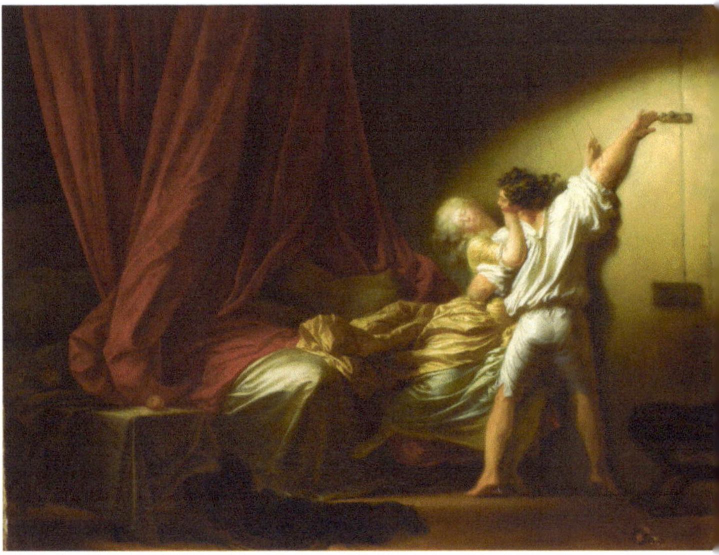

23. Jean-Honoré Fragonard, *Le verrou*, 1776-1779, huile sur toile, 74 x 94 cm, musée du Louvre, Paris.

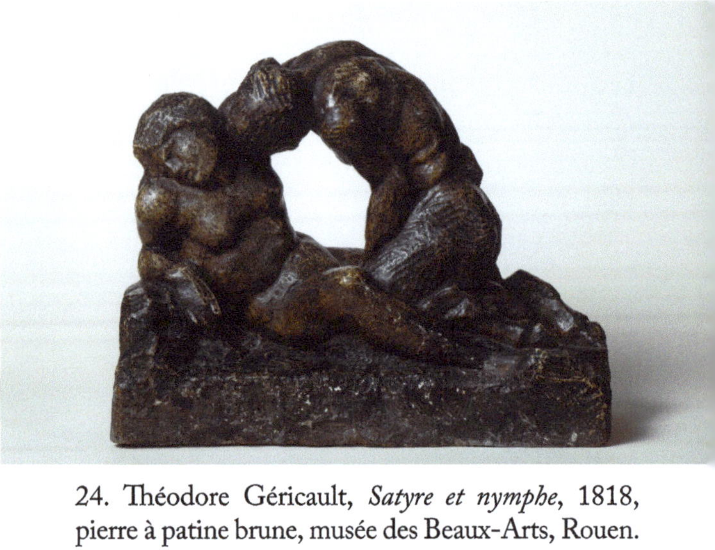

24. Théodore Géricault, *Satyre et nymphe*, 1818, pierre à patine brune, musée des Beaux-Arts, Rouen.

Ici le peintre n'a pas mesuré ses effets, sans craindre de mobiliser les grands moyens. Pourtant, *Le verrou* demeure encore source de nombreuses interprétations. Est-elle « émue » ou bien, au contraire, se refuse-t-elle à l'homme qui la tient dans le creux de son bras ? Le verrou si étrangement disposé sur la porte est-il le symbole de la passion qui aliène les amants ? Le peintre surprend-il le couple avant qu'il ne se couche sur le lit ? Mais alors pourquoi les draps semblent-ils froissés ? A-t-elle cherché à s'enfuir ? La liste des questions est loin d'être exhaustive. Dans tous les cas, l'œuvre signifie le libertinage amoureux : l'espace qu'occupe le lit et les formes suggestives qu'il évoque ne laissent guère de doute sur cette intention de l'artiste. Il suffit ensuite de rassembler les signes éparpillés dans la toile. En bas à droite, sur le sol, un bouquet de fleurs des champs, souvent associé au mariage, auquel sur le lit répond une rose rouge, symbole de la passion amoureuse. Il y a bien sûr cette pomme, au symbolisme tapageur, mais on notera qu'elle n'a pas été croquée. On remarque également que si la cruche a été renversée (comme la chaise), elle n'a toutefois pas été brisée. Dynamisme, mouvement, feu et fougue de la passion : Fragonard représente la force du désir et non sa violence, rien n'est brisé, rien n'est rompu, aucune effraction. C'est le moment « d'avant ». Préliminaires amoureux ou prémices brutales ?

En revanche, dans le très dérangeant tableau de Greuze, intitulé *La cruche cassée* (musée du Louvre), nul doute n'est laissé. C'est le moment « d'après ». La tenue un peu défaite (le bustier qui laisse s'échapper la naissance d'un sein et découvre le téton gauche), le regard perdu, les roses défraîchies mais surtout la cruche cassée suggèrent sans équivoque l'effraction silencieuse de la virginité perdue. Rien n'indique le viol ou un quelconque abus de pouvoir mais la jeune femme est pétrifiée, anesthésiée, absente à elle-même. Le symbole du vase brisé et la série des expressions triviales et grossières que le langage commun associe à cette image laissent deviner la violence d'un premier rapport.

Lors de l'exposition « Posséder et détruire : stratégies sexuelles dans l'art d'Occident » qui s'est tenue au Louvre en 2000, Régis Michel établit que l'art d'Occident ne sait « parler de sexe que sur un seul mode : celui de la violence. Il vaudrait mieux dire le viol ». Si le rapt est, comme nous venons de le décrire avec les enlèvements de Proserpine et des Sabines, l'une des modalités narratives parmi les plus courantes, rendue acceptable par le prétexte du récit mythologique, pour décrire une violence faite aux figures féminines, il en est de même du viol. Jupiter, Pluton et les centaures kidnappent les jolies nymphes, les satyres les harcèlent sexuellement. Tout cela est excusé et expliqué par la nature de ces êtres : mi-hommes mi-bêtes, leurs penchants libidineux sont l'expression de leur bestialité les rendant incapables de contrôler leurs passions et débordements physiques.

La toute petite sculpture en pierre de Géricault intitulée *Satyre et Nymphe*, comme un objet précieux à garder dans un cabinet, illustre la manière d'aborder le thème du rapport non consenti, de la confrontation masculin/féminin par le biais de la mythologie. La violence masculine à l'égard de la femme est figurée doublement : le corps athlétique du satyre, courbé, la main et la cuisse gauches qui laissent peu de doute sur ses intentions et qui semblent s'acharner sur la nymphe, épuisée, mais qui tente, par un mouvement de tête, de s'éloigner de son assaillant. Le plaisir semble absent de ce rapport de force. Tout est induit dans les attitudes corporelles qui dessinent une intention non partagée. Même s'il n'y a pas encore de violence sexuelle, il y a violence corporelle dans le rapport de ces deux êtres. Le rapport des sexes est ici brutal et convoque une tradition iconographique de la nymphe dévoilée, découverte ou surprise par un satyre, héritée de la poésie antique, largement reprise depuis la Renaissance (on peut songer à la célèbre gravure de l'*Hypnerotomachia Poliphili*). Ce thème sert bien souvent de prétexte à la représentation transgressive, allant au-delà de l'érotisme, annonçant la conclusion du rapport, souvent non consenti, sous le couvert de la description des passions humaines.

Eugène Delacroix, *La mort de Sardanapale*

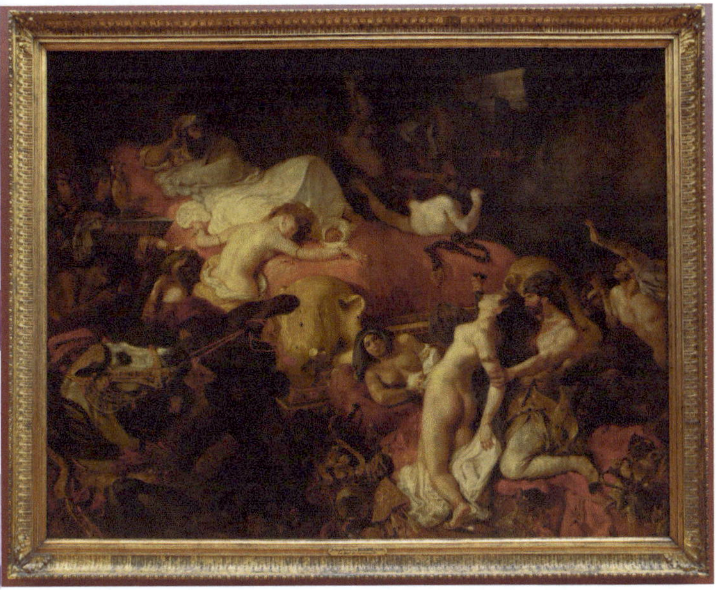

25. Eugène Delacroix, *La mort de Sardanapale*, 1827, huile sur toile, 392 x 496 cm, musée du Louvre, Paris.

« Tout doit disparaître », « tout est consommé, tout doit être consumé » : il s'agit au sens propre d'un holocauste (du grec « *holos* », tout, « *kaustos* », brûlé), un sacrifice au cours duquel la victime sacrifiée est entièrement brûlée. Sardanapale, roi de Ninive, vaincu par ses ennemis et se sachant perdu, fait dresser un bûcher au sommet duquel il s'installe, ordonnant d'y précipiter ses femmes, ses esclaves, ses chevaux et tous ses trésors : « Couché sur un lit superbe, au sommet d'un immense bûcher, Sardanapale donne l'ordre à ses esclaves et aux officiers du palais d'égorger ses femmes, ses pages, jusqu'à ses chevaux et ses chiens favoris ; aucun des objets qui avaient servi à ses plaisirs ne devait lui survivre », commente Delacroix dans le *Second supplément au livret du Salon de 1827-1828*.

Ce monarque assyrien légendaire que popularise Byron au début du XIXe siècle incarne le despotisme oriental tel qu'il travaille l'imaginaire européen depuis les Lumières : le luxe, la luxure, la cruauté et tous les excès du pouvoir absolu sont ses caractéristiques. Dans l'immensité des déserts orientaux que déroule le fantasme de l'Orient pour les occidentaux, le despote – depuis *Les lettres persanes* de Montesquieu – préside à l'union d'Éros et de Thanatos, du désir sexuel et de la pulsion de mort. Un grand lit orné de têtes d'éléphants, une femme à demi couchée à ses pieds, couverte de bijoux et qui laisse les bras en croix voir son magnifique dos dénudé – c'est Myrrha, la favorite du souverain – une esclave que s'apprête à tuer un serviteur au premier plan, dans une pose lascive offerte au poignard suggestif que le peintre détaille, des cascades de bijoux, d'amphores et de draps précieux, tout cela constitue une vertigineuse pyramide d'offrandes. Le monarque impassible est allongé au sommet, indifférent à la débauche de richesses, de chairs, qui sature l'espace du tableau. L'absence de lignes de fuite, de perspective renforce le rougeoiement des tissus qui suggère la violence des flammes. C'est une « orgie » de rouge qui célèbre jusqu'à la folie la volupté et la mort : le lit du roi, dans le coin inférieur droit, un drapé d'un rouge flamboyant, légèrement au-dessus, plus au centre, une femme fait face au spectateur, elle est accoudée à un coussin également rouge… Tous ces rouges, ces ors, ces nacres qui s'étalent, débordent, excèdent les lignes font violence au goût académique. La révolution romantique frappe aux portes des salons !

Accusé d'avoir peint avec un « balai ivre », déclaré fou, Delacroix essuya les pires critiques pour ce qu'il appelait lui-même son « second massacre ». L'incompréhension naîtra certainement de cette composition en ellipse, du tournoiement des couleurs qui rompt en effet avec la rigueur exigée par le canon de l'Académie. Mais ce qui choque aussi est le contraste : le calme et la sérénité de Sardanapale face au déchaînement de violence de ces femmes, hommes, chevaux en train de mourir, spectateur détaché de cet holocauste qu'il a lui-même orchestré. Contraste également ou plutôt ambivalence provoquée par la réception même de l'œuvre : tandis que le spectateur devrait être horrifié de la violence de ce drame, il est au contraire saisi d'une sorte de jouissance devant le spectacle de ces corps mais aussi de la beauté de l'œuvre elle-même.

Encore au début du XXe siècle, alors que le tableau de Delacroix fait son entrée dans les collections du musée du Louvre, c'est bien la sublimation par l'érotisation d'une scène de massacre d'une violence inouïe qui est relevée. Dans *L'Écho de Paris* du 4 août 1921, l'historien de l'art Jean-Louis Vaudoyer décrit les femmes dans *La mort de Sardanapale* et les compare à celles de Rubens, Tintoret, Titien, ou encore aux baigneuses de Renoir, des artistes particulièrement connus pour la vénusté et la sensualité de leurs nus féminins. De toute évidence, la sensualité de l'œuvre a pris le pas sur l'horreur du massacre orchestré par le tyran.

Un autre regard
Au-delà de la violence : l'idéalisation du corps souffrant dans la peinture

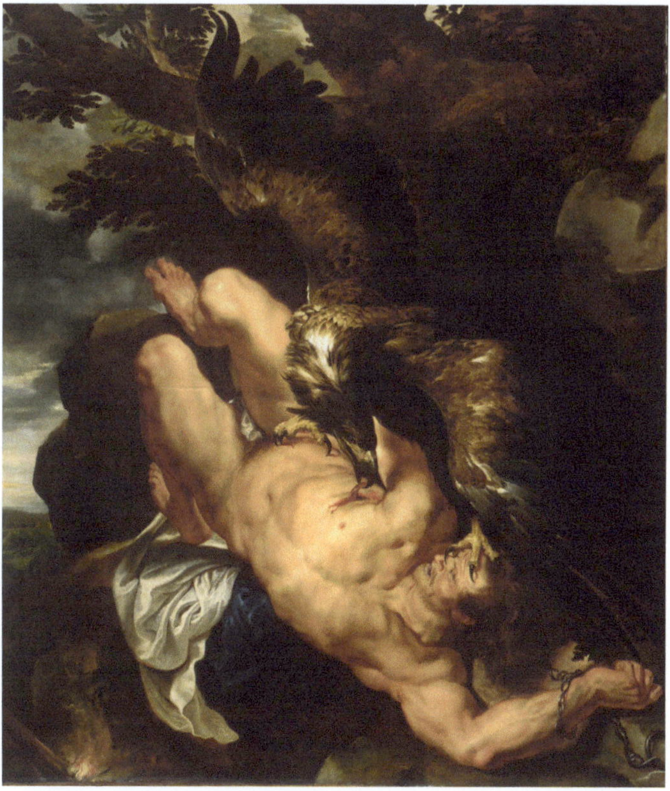

26. Pierre Paul Rubens, *Prométhée supplicié*, 1618, huile sur toile, 242,6 x 209,6 cm, Philadelphia Museum of Art, Philadelphie.

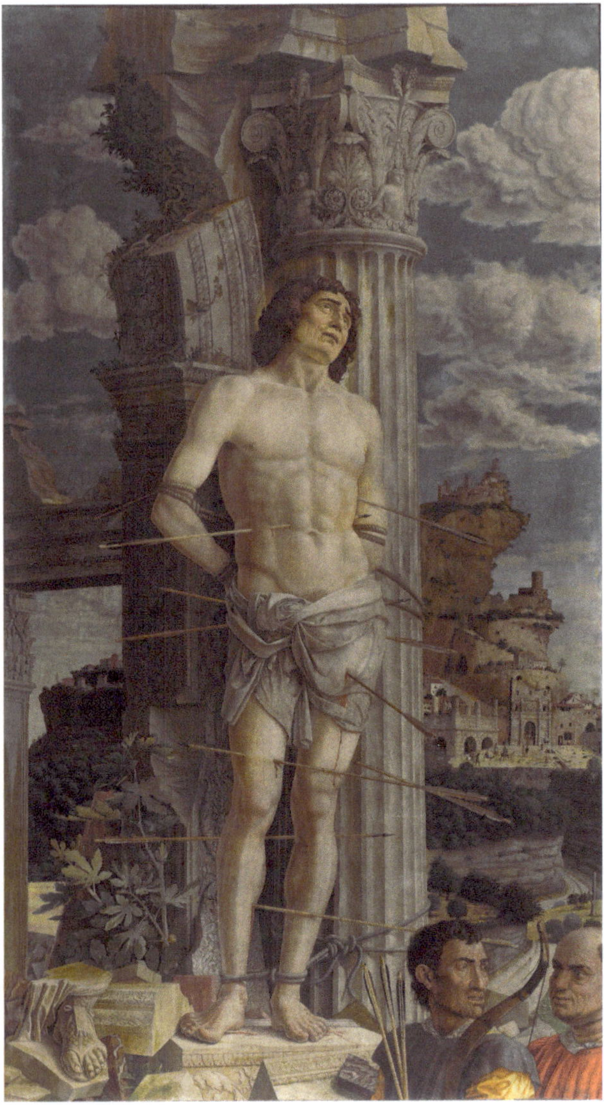

27. Andrea Mantegna, *Saint Sébastien*, détrempe, 255 x 140 cm, musée du Louvre, Paris.

Les scènes de martyrs constituent un vaste répertoire de la violence des hommes en acte dans la peinture d'histoire. Qu'il s'agisse des martyrs chrétiens, du Christ à saint Sébastien, de suppliciés comme Marsyas ou Prométhée dans la mythologie, ces récits sont l'occasion pour les artistes de représenter le corps en souffrance. Au centre de ces images donc, bien souvent, le corps. La place du nu masculin devient prépondérante dans les recherches plastiques des artistes dès le XVe siècle, à la fois motivé par le retour à l'antique et par la recherche de l'imitation de la nature. L'intérêt pour la représentation du corps et de ses mouvements, au-delà de la quête formelle et plastique, va également revêtir une place symbolique, notamment à travers la figure du nu héroïque.

Le *Saint Sébastien* d'Andrea Mantegna est une œuvre exemplaire de ce point de vue. La vie de saint Sébastien est racontée dans *La légende dorée* de Jacques de Voragine : l'histoire de cet officier romain au service de l'empereur Dioclétien est celle d'un martyr puisqu'il a été condamné, pour avoir conduit à la conversion de nombreux païens, à être attaché à une colonne au milieu du champ de Mars avant d'être transpercé de flèches. Jacques de Voragine écrit : « Dioclétien le fit lier au milieu d'une plaine et ordonna aux archers qu'on le perçât à coups de flèches. Il en fut tellement couvert, qu'il paraissait être comme un hérisson ; quand on le crut mort, on se retira ».

Laissé pour mort, c'est bien transpercé de flèches « comme un hérisson » que Mantegna représente le saint. Au-delà du paysage de ruines antiques et de l'évidente référence au modèle de la sculpture antique, ce qui saisit est le contraste entre le supplice dont nous sommes les spectateurs et cette figure de saint Sébastien qui, malgré la douleur, est ici triomphant. L'humanité représentée autour de Sébastien semble indifférente à son martyr, les flèches lui transpercent le corps de toutes parts, pourtant, et malgré un visage qui témoigne de la souffrance, le corps du saint est idéalisé, tel un Apollon. L'horreur, la laideur qu'inspire la violence de l'événement, est du côté des archers, en bas à droite de la composition, dont les visages desséchés, mal rasés et abîmés traduisent l'ignorance et la brutalité. Ce corps triomphant, magnifié par le torse athlétique de Sébastien qui semble totalement impénétrable à la douleur, symbolise la victoire de la foi inébranlable, du christianisme sur le paganisme. Ici, l'idéalisation du corps souffrant a une fonction symbolique; ce qui semble être un déni de la violence et de la souffrance a pour but de véhiculer un message spirituel et chrétien au cœur même de la dialectique de l'œuvre.

La place du corps subissant la violence d'un supplice est également à l'œuvre dans un tableau de Rubens: le *Prométhée supplicié*, thème ô combien dramatique, livre une vision véritablement tragique des souffrances éternelles auxquelles il sera soumis. En effet, le titan Prométhée, bienveillant à l'égard des hommes, décide de dérober le feu de l'Olympe pour en faire cadeau à l'humanité. Pour le punir de ce geste, Jupiter le condamne à être enchaîné au mont Caucase tandis qu'un aigle viendra lui manger le foie chaque jour, son organe repoussant chaque nuit, le condamnant à un éternel supplice.

Dans ce tableau, que Rubens termine en 1618, l'artiste témoigne de sa virtuosité dans la représentation du corps héroïsé. Il travaille sur la profondeur de la peinture, sur la représentation des passions avec la difformité de ce corps torturé qui est à la hauteur de l'*hubris* des dieux à l'égard de Prométhée.

L'un des modèles de Rubens, outre Michel-Ange, pour la représentation de ce corps livré à un supplice abominable, est le groupe antique sculpté du *Laocoon*. Retrouvé à Rome en 1506, ce groupe en marbre, montrant ce prêtre troyen et ses deux fils aux prises avec les serpents envoyés par les dieux en guise de châtiment, va constituer un modèle pour des générations d'artistes. Au sujet du *Laocoon*, Lessing écrit : « L'artiste voulait représenter la beauté la plus grande compatible avec la douleur physique. Celle-ci, dans toute sa violence déformatrice, ne pouvait s'allier avec celle-là. » Puis il rajoute : « Il a poussé l'expression aussi loin que possible sans déroger à la beauté ni à la dignité[1] ».

L'art doit donc permettre de transcender la violence infligée. C'est là une définition du nu masculin héroïque. Et c'est à travers le corps musculeux que l'artiste traduit la douleur tout en en magnifiant l'anatomie. Chez Rubens, Prométhée, lui, hurle, son visage est déformé par la douleur et l'horreur du spectacle de cet aigle en train de lui dévorer le foie. Mais son corps athlétique, qui occupe ici toute l'image, rappelle sa force physique et morale, l'analogie de sa plaie avec celle du Christ (faite par une lance sur son flanc droit) lui conférant une dimension chrétienne. Il n'est pas question d'idéalisation mais bien d'un dépassement de l'anatomie pour traduire le martyr subit par le héros bienfaiteur de l'humanité, attaché, tout comme saint Sébastien, et à la merci de la volonté divine.

1. Gotthold Ephraim Lessing, *Laocoon; ou des frontières de la peinture et de la poésie*, Paris, Hermann, 1990.

Conclusion

La relation qu'entretient l'art à la violence est complexe, plurielle, essentielle. Elle s'inscrit premièrement dans un cadre mémoriel et une fonction cathartique. Les œuvres d'art sont au premier abord, pour nous tous qui les apprécions, des représentations, et à ce titre la violence des hommes, ses manifestations et ses effets, est capturée par l'artiste qui en témoigne. Ce sont les « choses vues », les croquis au sens large ou bien des compositions symboliques qui visent à inscrire dans la mémoire des hommes cette violence, en l'occurrence, celle de l'Histoire. Faire sensation pour que l'on n'oublie pas, pour que l'on sache. Rarement ces œuvres sont réalisées « sur le vif » – à l'exception notable dans le corpus que nous venons de parcourir du tableau de Picasso, *Guernica* (voir Illustration 10) –, quelques années à peine séparent le plus souvent les événements des œuvres qui les dénoncent. Car si ces tableaux ont le grand format de la peinture d'histoire, contrairement à des œuvres qui visent à célébrer une victoire ou bien glorifier l'action héroïque d'un prince ou d'un souverain, elles accusent et convoquent au tribunal de l'histoire et de la morale. Ce qui est recherché alors, c'est la secousse, le choc, voire une prise de conscience traumatique. La peinture et la poésie ne constituent évidemment pas les seuls recours. L'artiste contemporain trouve volontiers dans « l'installation » un mode d'expression efficace pour condamner la violence de l'Histoire, sollicitant plus directement le spectateur pour le conduire à trouver les réponses aux questions que pose l'œuvre : pourquoi cette montagne de vêtements sous la Nef du Grand Palais ? Cette grue qui en déplace par intervalles quelques-uns pour à nouveau les laisser retomber, dans un froid savamment entretenu, au rythme des battements de cœurs qui résonnent dans un espace vide de 13 000 mètres carrés ? Invité pour l'édition 2010 de « Monumenta », Christian Boltanski crée *Personnes*, une installation mémorable qui évoque la disparition glaçante de celles et ceux qui portèrent un jour ces vêtements avant de franchir l'entrée des camps d'extermination nazis.

Cette représentation de la violence n'est pas étrangère, d'autre part, à la dimension cathartique de certaines créations artistiques, au principe même de la tragédie. Ainsi l'œuvre apparaît-elle parfois comme un théâtre de la violence et de la cruauté, l'extériorisation, la mise à distance, l'objectivisation d'une violence intérieure dont l'artiste se libère en la projetant dans l'espace scénique ou pictural. Ce mécanisme de « purification », de « purge », que définit longuement Aristote dans la *Poétique* et qui caractérise notamment le théâtre tragique, repose sur la terreur et la pitié qu'inspire ce qui est ainsi livré en spectacle. De Sophocle à Sarah Kane (*Blasted*, 1995), en passant par Shakespeare (*Titus Andronicus*, 1594) l'artiste se libère d'une violence qu'il partage avec son public, jouant sur un malaise qui fait et défait simultanément cette même violence intérieure. Cette expulsion collective de la violence individuelle, aux effets politiques recherchés, du moins dans la Grèce antique, associe ainsi l'intime au social, voire à l'Histoire, comme en témoigne par exemple *Guernica*. La « liberté noire », comme la nomme Antonin Artaud (*Le théâtre et son double*, 1938), on en respire le souffle dans de nombreuses œuvres contemporaines qui dérangent : *Les piques*, par exemple, une installation d'Annette Messager en 1992 – peluches, poupées, photographies, objets reliés au monde de l'enfance sont transpercés par des piques posées contre un mur et qui rappellent celles des sans-culottes de 1793 –, ou encore les clichés de la série *Broken Dolls* mis en scène par Cindy Sherman, ou enfin les araignées géantes de Louise Bourgeois, sculptures monumentales rassemblées sous l'intitulé *Mother*.

La violence cathartique de ces gestes de création relève aussi assurément de la transgression, la provocation et la recherche de la rupture. Il y a ainsi quelque chose qui pousse certains artistes à « faire effraction ». C'est ce qu'appréhende Nathalie Sarraute à travers un souvenir d'*Enfance* (1983) alors que la petite Natacha ne peut se retenir de plonger une paire de ciseaux pointus à travers le revêtement luxueux du beau canapé du salon : « Et je plonge les ciseaux dans la soie, je la déchire avec rage, avec fureur, avec volupté. » Saccager les conventions, refuser les codes, les lois établies, se révolter (Camus, « Révolte et art » dans *L'homme révolté*, 1951). L'artiste recherche le scandale, il cherche le refus, s'affirme dans la rupture avec ses prédécesseurs, toujours associant l'hommage à l'outrage, la citation à la transgression, à l'instar de Manet dans *Le déjeuner sur l'herbe*.

Mais cette violence de l'acte créateur parfois si difficile à percevoir quand les œuvres viennent d'un passé et d'un monde qui nous sont lointains – plus la modernité d'une œuvre se rapproche de la nôtre, plus ces ruptures, ces effractions faites aux règles de l'art nous sont évidemment perceptibles : la violence « esthétique » de *Guernica* nous est plus visible que celle de *La mort de Sardanapale* (voir Illustration 25) – trouve son accomplissement dans ce que nous pourrions convenir d'appeler une violence « ontologique », un viol de l'apparence, une violence faite à notre vision utilitaire de la réalité : les choix esthétiques de l'artiste nous font accéder à une essence dévoilée des choses, débarrassées de l'écorce cosmétique de l'usage que nous leur affectons. La violence essentielle de l'art n'est-elle pas dans cette contrainte qu'elle exerce sur notre regard pour nous faire voir les choses telles qu'elles sont. C'est ainsi par exemple que Martin Heidegger commente un tableau de van Gogh, *Les souliers*, dans *L'origine de l'œuvre d'art* (1935).

L'architecture contemporaine, en tant qu'elle s'affirme dans sa dimension d'art politique, donne de spectaculaires illustrations d'une convergence des usages de la violence dans la création. De façon très claire, le choix politique de certaines commandes d'État, le choix du projet le plus sensationnel, donc le choix de la provocation – faire violence aux habitudes, aux conformismes, au « bon goût » –, le choix délibéré du scandale auquel s'associe le prince qui en passe commande est pleinement assumé.

Un exemple : Paris qui, dans ses dernières décennies, a connu ainsi au moins trois batailles autour de réalisations spectaculaires d'aménagement de la ville. Tout d'abord la construction du centre Georges-Pompidou, bâtiment à propos duquel un célèbre quotidien publia en titre « Paris a son propre monstre, tout comme celui du Loch Ness » ; puis l'aménagement par Daniel Buren de la cour du Palais Royal avec *Les deux plateaux*, ce que l'on appelle toujours « les colonnes de Buren », dont les prolongements judiciaires n'ont cessé qu'en décembre 1992, soit six années après la

« livraison » de l'œuvre ; enfin la pyramide du Louvre, une volonté de réorganisation du site du Louvre voulu par François Mitterrand en 1983 à partir d'un projet de Ieoh Ming Pei. C'est à chaque reprise un choix politique qui fait d'un choix artistique une « nouvelle bataille d'Hernani » et transforme, selon un mot de Renzo Piano, l'un des architectes à l'origine du centre Georges-Pompidou, le courage en violence : « Combien de fois dans l'histoire, le courage est-il devenu violence ? Et combien de fois la prudence, si elle est excessive, ne devient-elle pas couardise, peur et on ne fait plus rien ? »

Table des illustrations

Washington, D.C., Courtesy National Gallery of Art, Washington.

8. Lucas van Leyden, *Caïn tuant Abel*, 1529, gravure, National Gallery of Art, Washington, D.C., Courtesy National Gallery of Art, Washington.
9. Gérard Edelinck, *Bataille d'Anghiari*, 1657-1666, gravure, 49,2 x 62,9 cm, Clark Art Institute, Williamstown, cadeau de Richard Kent. © Clark Art Institute, clarkart.edu
10. Pablo Picasso, *Guernica*, 1937, huile sur toile, 349,3 x 776,6 cm, centre d'art Reina Sofía, Madrid. © BPK, Berlin, Dist. RMN-Grand Palais/Alfredo Dagli Orti
11. Félix Vallotton, *Verdun*, 1917, huile sur toile, 114 x 146 cm, musée de l'Armée, Paris. © Paris – Musée de l'Armée, Dist. RMN-Grand Palais
12. Eugène Delacroix, *Scènes des massacres de Scio*, 1824, huile sur toile, 419 x 354 cm, musée du Louvre, Paris. © RMN-Grand Palais (musée du Louvre)/Adrien Didierjean
13. Otto Dix, *Les joueurs de skat*, 1920, huile et collage sur toile, 110 x 87 cm, Nationalgalerie, Staatliche Museen zu Berlin, Berlin. © PK, Berlin, Dist. RMN-Grand Palais/Jörg P. Anders
14. Francisco de Goya, *No se puede mirar/Les désastres de la guerre*, 1863, gravure, Courtesy National Gallery of Art, Washington.
15. Francisco de Goya, *Tanto y más/Les désastres de la guerre*, 1863, gravure, Rijkmuseum, Amsterdam. © Museo Nacional del Prado
16. Francisco de Goya, *Y son fieras/Les désastres de la guerre*, 1863, gravure, Rijkmuseum, Amsterdam. © Museo Nacional del Prado

17. Francisco de Goya, *Tres de mayo*, 1814, huile sur toile, 268 x 347 cm, musée du Prado, Madrid. © Museo Nacional del Prado, Dist. RMN-GP
18. Pierre Paul Rubens, *La chasse au tigre*, 1615-1617, huile sur toile, 256,2 x 324,5 cm, musée des Beaux-Arts, Rennes. © MBA, Rennes, Dist. RMN-Grand Palais/Adélaïde Beaudoin
19. Gustave Courbet, *L'hallali du cerf*, 1867, huile sur toile, 355 x 505 cm, dépôt au musée des Beaux-Arts, Besançon. © RMN-Grand Palais/Agence Bulloz
20. Francisco de Goya, *Cannibales dépeçant leurs victimes*, 1800-1808, huile sur bois, 32,8 x 46,9 cm, musée des Beaux-Arts, Besançon. © RMN-Grand Palais (musée des beaux-arts et d'archéologie de Besançon)/Agence Bulloz
21. Jean de Bologne (Giambologna), *L'enlèvement des Sabines*, 1579-1583, marbre, 240 cm, Loggia dei Lanzi, Place de la Seigneurie, Florence. © Scala, Florence, Dist. RMN-Grand Palais
22. Le Bernin, *L'enlèvement de Proserpine*, 1621-1622, marbre, 255 cm, galerie Borghèse, Rome. © Photo Scala, Florence, Dist. RMN-Grand Palais
23. Jean-Honoré Fragonard, *Le verrou*, 1776-1779, huile sur toile, 74 x 94 cm, musée du Louvre, Paris. © RMN-Grand Palais (musée du Louvre)/Stéphane Maréchalle
24. Théodore Géricault, *Satyre et nymphe*, 1818, pierre à patine brune, musée des Beaux-Arts, Rouen. © RMN-Grand Palais/Philipp Bernard
25. Eugène Delacroix, *La mort de Sardanapale*, 1827, huile sur toile, 392 x 496 cm, musée

du Louvre, Paris. © Musée du Louvre, Dist. RMN-Grand Palais/Angèle Dequier

26. Pierre Paul Rubens, *Prométhée supplicié*, 1618, huile sur toile, 242,6 x 209,6 cm, Philadelphia Museum of Art, Philadelphie. © The Philadelphia Museum of Art/Art Resource/ Scala, Florence
27. Andrea Mantegna, *Saint Sébastien*, détrempe, 255 x 140 cm, musée du Louvre, Paris. © RMN-Grand Palais (musée du Louvre)/ René-Gabriel Ojeda

Bibliographie indicative

BAQUÉ, Dominique. *L'effroi du présent ; figurer la violence.* Paris : Flammarion, 2009.

BENJAMIN, Walter. *Critique de la violence.* Paris : Payot, 2012.

FERRIÈRES-PESTUREAU, Suzanne. *La violence à l'œuvre.* Paris : Cerf, 2018.

GIRARD, René. *La violence et le sacré.* Paris : Grasset, 1972.

MARZANO, Michela (dir.). *Dictionnaire de la violence.* Paris : PUF, 2011.

MICHAUD, Yves. *La violence.* Paris : PUF, 2004.

NIETZSCHE, Friedrich. *Généalogie de la morale*. Paris : Flammarion, 1996.

VAUTRELLE, Hervé. *Qu'est-ce que la violence ?*. Paris : Vrin, 2009.

Table des matières

Pour limiter l'empreinte environnementale
de leurs livres, les éditions de l'Aube
font le choix de papiers issus de forêts durablement
gérées et de sources contrôlées.

Achevé d'imprimer en décembre 2023
sur les presses de l'imprimerie Sepec Numérique
pour le compte des éditions de l'Aube
331, rue Amédée-Giniès, F-84240 La Tour-d'Aigues

Numéro d'édition : 5895
Dépôt légal : janvier 2024
Numéro d'impression : N32664231142

Imprimé en France

IMPRIM'VERT®